不完美关系

人际关系解答手册

熊太行 著

企业管理出版社
东方出版社

序言

别人的事，读了可以成正果

我是熊太行，研究人际关系的。

我从 2016 年开始，在"得到"App 上更新了两门课，分别是"关系攻略"和"职场关系课"，加起来有 300 多讲。课程里有理论、有技术，也有案例，但是学员们提出了很多更复杂的、充满细节的关系难题，我回答了 2 万多条。

除此之外，我写了 8 年的微信公众号"就叫熊太行也行"，也有很多读者留言，提的问题更加天马行空，于是就有了这本书。

这本书是一本人际关系的案例集，每一个案例都反映了真实用户的生活，是我们这些普通人共同的烦恼。有的人左右摇摆，希望我能够帮他出个主意；有的人已经拿定了主意，希望我再推他一把；还有的人其实不需要什么主意，他们需要的是安慰。

学道理容易，但是要做到很难，这本书集结了现实里各种各样的"难处"。

中国人在过去的 40 多年里，经历了西方人四五代、上百年要经历的事情——城市化、少子化、生活的改善和自由迁徙。这样的40多年里，许多过去的规则都悄然发生了改变，那些过去家庭中父辈传给子辈的规则，那些适应农村、乡镇和厂矿的规则，可能都已经失灵了、不好用了，比如许多父母说"一定要团结同事"，这样的讨好型策略在当今社会已经不完全适用。但是推翻旧策略，建立新规则，需要从方方面面去修正。

讨好别人的习惯，在社交当中会呈现出各种尴尬：

同事太讨厌，老是问东问西，怎样拒绝八卦又不翻脸？
托人办事出了10万元钱，想要回来又怕撕破脸怎么办？
两口子老吵架怎么办？
女朋友总说我不懂她怎么办？
遇到相亲对象若即若离怎么办？

我们这一代身上背负着一个重担，就是要改进那些古老的人际规则，重写和制订一些规则。

这个过程很艰辛，会有很多很多的苦痛，但是绕不开，一定且必须去面对。

我是希望更多的达人、行家加入这个艰苦的事业当中来，希望这本书是一个风潮的开始，帮助我们重新认识中国人的人际关系。

我们可能会和自己的父辈斗争、跟自己的孩子斗争，最终逐渐出现新的规则、新的平衡。

希望这本书能在这场斗争、这场博弈当中贡献力量。

我们最终的目的不是压倒身边所有的人，而是希望能够和身边人平和共处。平衡重新出现的时候，亲情和爱将会更浓更笃。

你可以把这本书和"关系攻略""职场关系课"两门课程配套使用，书中提到的有些理论，在课程中有更详细的解释。

这本书也是这两门课最好的人际关系练习册，真拆实打，没有那些虚伪的套话。

这本书也是都市中疲惫的你的一座小站，看看和你处境相似的人的烦恼和忧愁，能够让你更好地出发。

这本书也许还有一点史料价值，几百年之后的社会学者在浩如烟海的信息当中，不知道2010—2020年那个时代的人是怎么生活、怎么思考的时候，如果他们直接翻到了这本书，能够又惊又喜。

哦！原来那个时代的人这么有趣，原来那个时代这么有趣，原来人和人的关系这么有趣！

希望这本书能让你从百家故事里获得力量，摆脱对人际关系的厌倦情绪，真正喜欢上和人打交道。

人际关系不应该是人的沉重负担，相反，和人的交往，应该是我们的快乐之源。

熊太行

目录

PART I 职场最通透

吃饭的时候,要给客户和领导转转盘吗	003
不擅长和领导聊天,一定没前途吗	008
我领导不思进取了,这样的领导还能要吗	012
为什么有的年轻人只能坚持三分钟	021
总怕说错话得罪人,我这毛病还有救吗	027
年轻人被领导"任意欺负"怎么办	031
领导要"抢"我论文的第二作者,该怎么办	036
领导说拿我当兄弟却不涨工资,该怎么办	042
那辆香河开往北京的汽车里到底发生了什么	046
领导突然连名带姓地叫我,是福还是祸	055
同事已经破口大骂了,我应该回骂还是退群	061

同事只邀功，活儿都推给我，怎么办　　　　　　　067
40岁了，要扔掉体制内工作，换城市重新开始吗　　072
想参加公务员遴选，怎么跟现在的领导说呢　　　　080
一和领导说话，我的心就皱成了一个紧皮瓜，该怎么办　086
领导给我加了三倍的活儿，还说他想锻炼我，怎么办　093
教你一个佛系修炼法，可以用在职场关系上　　　　099
为什么要留神说话爱念诗的人　　　　　　　　　　105
觉得下属在针对自己，怎么办　　　　　　　　　　112
别在工位上接打私人电话　　　　　　　　　　　　117

PART Ⅱ　婚恋全指南

相亲是相亲，谈恋爱是谈恋爱，望周知　　　　　　125
相三次亲都喜欢不起来的女孩，还要追吗　　　　　132
女友又和别的男性单独看电影了，怎么办呢　　　　141
最好的男友，从来不是傻花钱的签单机器　　　　　145
女朋友特别爱挑刺，要分手吗　　　　　　　　　　151
为什么有的人看着条件不错，快三十岁了还没谈过恋爱　156
让哥儿们给我介绍对象，为什么他们都懒得管我　　162
拒绝别人的求爱，怎么能更委婉一点　　　　　　　168
一生气就提分手，真分了你能扛住吗　　　　　　　173
一条丑内裤引发的感情危机　　　　　　　　　　　177
姐弟恋，姐姐一样要人疼　　　　　　　　　　　　182

为什么两任女友都说我不懂她	187
我不主动他就不跟我聊了，这样的暧昧还要继续吗	193
在县城相亲，我该提自己是个鬼畜区 UP 主吗	198
丈夫不理解我也不关心我，怎么办	203
为什么女人为婚姻心力交瘁，男人却能像没事人一样搞事业	209
老公说你幼稚你就提离婚吗	217
开始装修后，我决定化身为"恶鬼"	222
"翁婿之间必有一战"，是真的吗	228
两口子必须吵架吗	235

PART Ⅲ 人际有办法

如何成为社交达人	245
妈宝男自救手册	252
不帮你吵架的室友，就是塑料姐妹花吗	258
打呼噜太响，室友让我搬出去租房子怎么办	264
整天跟老师提问的学生，成绩真的更好吗	268
托人办事给了十万元，怎么要回来呢	275
亲戚家孩子来问我如何报志愿，我该怎么说	281
这可不是一只鸡的事，这是回避冲突	288
妈妈，夸夸我吧，哪怕是假的	294
消耗人心力的亲戚电话，怎么拒绝呢	302

PART I
职场
最通透

| PART I　　职场最通透 |

吃饭的时候，
要给客户和领导转转盘吗

> 一位 N 同学
> 关于餐桌礼仪和工作接待的苦恼。

熊师傅：

　　我是一个 1994 年出生的大龄职场新人，不懂酒桌文化。我的工作岗位是投资者关系，需要在公司接待投资机构，有时候领导会跟比较重要的投资者一起吃饭，我也参加。之前和经理一起吃饭，我看她不停地给领导和客户转转盘，就在下次吃饭时也跟着学。

　　学完我就觉得心里很不舒服，感觉自己在献殷勤。然后我就在思考，转转盘也有什么讲究吗？

　　我难受的点不是转转盘，而是我觉得自己太会看脸色，别人想转我就赶紧帮别人转，导致我就像一个专门转转盘的。

　　下周要和部长还有两个大领导一起吃饭，应该不需要我做这种事情了吧。

N

N：

你好。

转转盘这件事不用专门学，但是如何认识转转盘这件事，我可能得给你仔细讲讲。容我说一点你可能不喜欢的话，你的问题不在于转转盘，而在于如何认识你在饭桌上的角色。

你一开始就说自己是大龄新人，不懂酒桌文化，这是一个免责声明的意思。但是，职场的资历和年龄，只在求职和提升的时候重要，在日常的工作中，能不能胜任一份工作才是最重要的。工作处理得好，是不是新人没人在乎，如果把事情做砸了，那是不是大龄也没人会客气。你懂，或者不懂，一些规则就在那里，你可能要自己去适应。

从你的描述来看，你的工作和所谓"酒桌文化"（我称之为"酒桌陋规"）没有太大的关系，转转盘以便让客户和领导更好地夹到菜，这不是酒桌文化，这是餐桌服务和餐桌礼仪。

我们中国人非常在乎照顾客人，这是长期农业社会精耕细作遗留的痕迹——我们与左邻右舍住得非常近，亲戚们大多数情况下也住在一起，遇到事情，要仰仗这些亲邻，所以一起吃饭变得很有仪式感，主人必须照顾客人，客人吃不好主人会挨骂。

美国人就不一样。美国农村独门独户，邻居之间隔着几千米，过去通勤靠骑马，后来是开车，所以他们没有那种好多人坐一个大圆桌的传统，主人只提供被动帮助。

如果你把自己转转盘的行为看作一种献殷勤、巴结客户的谄媚行为，那你回来就会各种不舒服，觉得自己屈辱至极。你觉得自己"太会看别人脸色"，好像失去了自我。我觉得，你做这一行，可能要让渡一些自我出去，不是为了金钱或权力折腰，而是为了让你们共同的事业继续往前走。而且，我觉得你还需要学会更多察言观色、分析局势的能力，你还远远没到"太会"的地步。

你应该，而且只应该把自己在餐桌上转转盘的行为看作在替公司照顾客户。做好这一点，你就是一个敬业的、富有主人翁精神的、对公司忠诚的好员工。

至于帮着领导转转盘，让他夹菜方便一点，这其实也不是什么大不了的事情。如果你总觉得你和领导的关系是"剥削—被剥削"（其实根本不是，公司不是领导一个人的，他也是职业经理人）或"控制—被控制"，那你的路只怕会越走越窄。

你加入一家公司，肯定是认同这家公司的理念，肯定这家公司的事业是正义的（至少是正规的）。那么你和领导就应该是心往一处想、劲往一处使的，都是为了共同的事业能够做好，自己能跟着公司一起发光发热。

你们做投资者关系，你只是在酒桌上转了转转盘，而领导背后在投资方的办公室、会议室里，受过的委屈、辛苦乃至于屈辱，只怕他是不会跟你细说的。

领导是你的领导，但他也是你的同事，而且一般来说，是比

| 不完美关系 |

较年长、比较资深的同事。

虽然有些领导比较不靠谱，甚至不学无术，但是大多数正常的公司里，能执掌一个部门的领导，都有一些过人之处，他们要么是具体业务强，要么是待人接物好，总之都值得我们学一学。

把一个人品过得去的领导，看作自己的老师、师父、兄长，是正常的，也是礼貌的。你年轻（28岁就好意思说大龄啊）、资历还浅，帮自己的师父转转转盘，多听他们唠唠行业往事和经验心得，我觉得这件事你没有吃亏。

《西游记》里，孙悟空第一次打死强盗之后，师父骂了他几句，他就转身走了。路过东海，孙悟空去找老龙王喝茶，看见老龙王那里挂着一幅画，画里一个少年正给一个老人穿鞋。

"这是谁啊？"

"这是汉朝的张良，黄石公为了考验他，把鞋子扔到桥下，让他去捡，他恭恭敬敬地给老人穿好了鞋子，最终得授兵法，成就了一番大业。"老龙王对孙悟空说，如果你不从事任何事业，到底也只是一个妖仙，如果你认真投身于唐僧取经的事业，那未来就能修成正果。

后来孙悟空回到唐僧那里，戴上了金箍，直接就奔着正果一路狂奔了。路上，他给唐僧找吃的、找水、喂马、焐被子、洗衣服——我没胡说，孙悟空有一次让八戒照顾师父，安排的就是这些任务。

N，你是职场新人，我们中的大多数人都会从这个阶段过来，小时候是家里的掌上明珠，在花果山称王称霸，到成年了，低头接受师父的教诲，西天取经。对每个"孙悟空"来说，当和尚不丢人，戴金箍也不丢人，照顾师父不丢人，甚至被师父骂也不丢人，丢了师父，取不成经，共同的事业失败了，才是真正的丢人。

其实如果不转转盘，也有很多其他办法。西餐、日料和一些比较高端的中餐都执行分餐制，这也是新冠肺炎疫情出现以来，政府和媒体一直在鼓励的吃法。

如果是在一些不分餐的中餐馆，那也可以多点一些按位的菜，不用大家拿着筷子在一个盘子里夹，你还可以让包间服务员用公筷公勺帮大家把上来的每道菜分一下，干净又卫生。

如果是你来负责订位和点菜，那你就可以多往这个方向考虑，这样你的转转盘负担就能少很多。但我觉得转转盘未必是坏事，如果聊天突然冷场、尴尬，或者你不知道说什么的时候，转转盘来让一让菜，是一个很好的替代。

至于你、部长和两个领导吃饭，不用太担心，你们四个人，可能根本就不用坐带转盘的大圆桌了。如果需要喝酒的话，我在"得到"App的课程"关系攻略"里有一些防备喝醉、防备灌酒的法子，可以找来看看。如果有我没写到的情况，随时再来问我。

祝工作顺利！

太行

不擅长和领导聊天，
一定没前途吗

来自一个年轻朋友的提问，

初入职场，如何应对与老板的聊天？

熊老师：

您好，我刚毕业，入职不到半年。公司处于初创阶段，老板在业界是优秀人物，整个团队很年轻，公司氛围也不错。

我现在有一个疑惑，老板有时候会和大家聊天开玩笑，很多同事都会加入一起聊。最开始我也会加入，一是有趣，二是可以混个脸熟。但是最近我很少参加这种聊天了，一是想做好手头的事，觉得这种聊天浪费时间，二是觉得言多必失。

但是我又很纠结，怕自己不参加这种聊天会被边缘化。那么我该以怎样的姿态来对待类似聊天呢？

M

M：

你好。

我经常建议提问的同学，提完问题之后看看自己的问题。看起来，你的提问是"怎样对待职场聊天"，实际上，真实的问题是："不和老板做工作之余的互动，我会被边缘化吗？"

职场上有一种能力非常重要，就是你站在对方立场考虑问题的能力。现在我们站在你老板的立场考虑他每天的问题：他是一个创业者，时间和金钱对他来说都是稀缺品，他没有太多的金钱砸向你们，推着你们前行。所以他尽可能表现出对你们的友善，希望激励你们，让你们工作更努力，把工作当作自己的事情。他谈笑风生，是在尽力取悦你们，让大家能更努力地工作。

如果你本身已经在努力工作，那就不要沉浸在谈笑上。如果因为谈笑而影响了工作，那更是得不偿失。流川枫不合群，但是打篮球的技术很强，所以他是永远的主力。除了表演行当，没有一个员工会因为段子讲得好而被领导赞赏。

相信你自己，不用刻意去追求跟领导的谈笑，把事情做好、不出错，才是你保住工作的本钱。顺便说一句，开玩笑开到让员工觉得耽误工作的地步，这说明你的领导采用的方式肯定是有问题的。

把闲聊的几个原则给你整理一下。

1. 外向者，可以聊一会儿

这个意思就是，别过分。此外，有老板加入的闲聊，即使你口才和幽默感再好，都不要做主导话题的那个角色。

2. 身在基层，可以少聊一会儿

公司即便规模不大，一般也有三个不同的级别：领导层、中层和执行层。陪着领导聊天能提升，那是对领导直接汇报的人，基层的人就不要掺和了。一句"老板，我先去做事了"更能显出你的踏实稳重，以工作为重。

3. 内向的人，可以听一会儿

内向的人很多，还有的人有些害羞，那就听一听别人说什么，听几句陪着笑一笑，然后该干什么就去干什么。

4. 别太介意被"边缘化"

一家公司需要各种各样的人才，既需要口若悬河的人，也需要懂得沉默是金的人。如果一家公司的领导者不区分能力和岗位需求，只一味喜欢健谈甚至抖机灵的人，那这家公司是走不远的。如果他真的因为你不爱聊天而觉得你笨，把你辞退，那他的能力也值得怀疑。

不愿意在低效社交上耗费太多精力，最好的办法就是让自己成为倾听者。倾听者不需要去主导聊天，注视着说话的人，微笑、点头，就是一个合群的姿态。如果有来有往，争夺讲话的时间，那么人会很快疲惫。只听不说，体力和脑力的消耗很少。

当然也不要长篇大论，试着对时间进行一些规划，比如午餐时间听同事聊 15 分钟，下午跟人沟通 10 分钟，趁机活动一下关节，做个眼睛的放松。其他时间，无论别人聊得多热闹，你都该干什么干什么。这样做，效率比以往还会更高一些。

祝工作顺利！

太行

| 不完美关系 |

我领导不思进取了，这样的领导还能要吗

> 这位来信同学苦恼的原因，
> 是他的领导丧失了进取心。
> 这种情况怎么办呢？

熊师傅：

您好，我来到现在这家公司3个月了，工作逐渐得心应手了，待遇也比较满意，但还是觉得有点不舒服。

这家公司在行业当中还是很有声望的，我一直都很想到这里工作。我的领导也是行业里的成名前辈，但是跳槽过来之后，我发现他有点不思进取了。他好像失去了20年前打江山时的那种雄心和果断，过去都传说他带队伍雷厉风行，现在看起来，他手底下的好多老部下好像都在混日子，真是让人失望。

我有心想劝劝他，又觉得初来乍到，这么做有点危险。可我心里确实有点不服不忿，现在每天都觉得工作毫无亮色，我该怎么办呢？

P

P：

你好。

首先祝贺你进入了心仪的公司，而且站住了脚。别皱着眉头，这两件事都可喜可贺！至于觉得工作没有亮色，觉得领导不思进取，这其实是你对自己高期待、高要求的一种表现，有这样的心气，你就是那种容易成功的人。

你说领导不思进取，确实是个麻烦，没有他的带动，整个部门可能都是低效、沉闷的。不过没关系，我可以解释一下，为什么你的领导会这样。

从你的描述来看，你的领导可能已经人到中年，我们知道有一个词叫作"中年危机"。不过很遗憾，心理学家的研究表明，并没有什么中年危机，大多数中年人只要职业、家庭和健康不出大问题，都比年轻人更幸福，他们收入更高、更受人尊重，也有更多的闲暇。

但是中年人面临的任务更加复杂。你可以观察一下你的领导，他的幸福来源，绝对不是被他的领导称赞，而更多的是作为一个父亲、一个丈夫、一个朋友的身份被人尊重和爱戴。

工作不再是他生活的唯一动力，甚至不再是主要动力了，相反，孩子会给他带来快乐，如果他的孩子考了前三名、评上了区三好学生，那他会兴高采烈地出现在孩子的家长会上；兴趣也会给他带来快乐，他可能会跑步、骑车、登山、钓鱼，甚至发朋友圈炫耀；给朋友办事会让他特别有面子，他乐意看见自己的实力获得认可。

这就是你领导和你最大的矛盾，他和你所处的人生阶段可能会不一样——你要从工作中去收获你的一切，而他只是分出一部分精力，甚至很少的一部分精力，就能保住自己的位子。

当他们工作的时候，他们主要瞄准的不是具体业务，也不是指导手下，而是对手的动向、上层的人际关系——这就是他没空管你，或者懒得管你的原因。

对这种希望维持局面的领导，我们是不是就没有出人头地的机会了？倒也不是。给你讲一个故事吧，非常像你现在的处境，故事的主人公是东汉三国时的一位名将，他是追随曹操时间最短的部下，也是曹操最佩服、最敬重的一位将军。

这个人叫庞德。庞德，字令明，是东汉末年的名将，他是南安狟道人（今甘肃天水），有一种西北汉子的质朴和单纯。庞德曾经是马腾和马超的部将，建安二十年，也就是公元215年，曹操征服了汉中，庞德跟着张鲁投降了曹操。

公元215年是什么概念呢？曹操是公元189年自己单干讨伐董卓的，公元200年他打赢了官渡之战，公元208年他打败了刘备，并在赤壁战败。曹操是公元220年去世的，公元215年，他的人生已经时日无多了，他的辉煌都是在此前七八年甚至十几年获得的。公元215年打下汉中，是曹操最后一次征服一个郡（相当于现在的地级市）。后来在公元219年，汉中又被张飞抢走了。

庞德就在这种局面下加入了曹军，曹操拜他为义将军、关门亭侯，待遇还可以，但是也没想着他能够给曹军带来什么惊喜。曹操没打算继续打刘备和孙权，他更在意的是维持局面，当上魏王，未来把位子传给儿子。这个状态是不是跟你领导犯懒的样子几乎一样？

但是庞德不甘心，这就是我特别喜欢庞德的一个原因。他是一个抓了一手普通牌的普通人，不是曹仁、曹洪那样的曹氏亲族，不是于禁、李典那种起兵时就追随曹操立下从龙之功的人，也不是张辽、甘宁那种遇到了合适的对手、一下子就站在舞台中心的好命人。

庞德没什么过硬的战绩，大部分时间都是在各地平叛，打的也都是一些不知名的小角色。他曾经是一个骑白马的少年，但是没有像赵云、太史慈那样年少成名，白马少年就逐渐成了一个白马大叔。

他唯一的一段逸事，就是在曹操攻打袁绍的时候，曾经作为马腾的部下去援助曹军，砍下了敌将郭援的头。曹军的负责人是钟繇（大书法家），大家报战功时，庞德就拿出了郭援的脑袋。

这下就尴尬了，钟繇是郭援的亲舅舅，于是庞德赶紧跟钟繇道歉，钟繇赶紧说："没事，他是敌人……你不用道歉。"说是没事，但这种容易跟领导结梁子的"体质"，怕是很难升上去了。这是一个运气平平的人，他正式加入曹军的时候，曹军的山头早就形成了，而且内部钩心斗角，这种情形对庞德这个降将并不友好。

公元218年，关羽北伐。关羽活着的时候就是大英雄了，曹操的地盘上很多豪杰、百姓都来响应他，曹仁带着庞德就来打这些叛军，和关羽在樊城交战。人无远虑必有近忧，若你领导不思进取，那要么是对手，要么是同事，就会给他上一课了。

庞德才加入曹军三年，他的旧主马超在刘备军，所以大家都谈论这件事。此外，他哥哥在汉中的敌营里。其实这是误传，刘备那里的庞柔，是庞德的堂兄。堂兄弟是可以很亲近，但庞德的孩子们（他至少有四个儿子）都在曹操的大后方，庞德会因为堂兄而舍掉自己的孩子吗？不会的。

庞德自己的态度也很坚决——"我受国恩，义在效死。我欲身自击羽。今年我不杀羽，羽当杀我。"庞德才来了三年，他受的是什么国恩呢？他其实就是觉得曹操是一个英雄，觉得曹军是个好平台，过去要么作为友军帮忙，要么作为敌人对阵，现在终于有了一个为曹操效力的机会，他觉得很感激。

受到质疑很正常，这个时候千万不要赌气退缩，你要是说"那让别人去吧"，那错失机会的，就会是自己。如果把自己的工作当作事业来成就，那就不要赌气，要放手一搏。职场上最重要的关系是和领导的关系，职场上最重要的信任，是领导对你的信任，别在乎其他人怎么说。

"后亲与羽交战，射羽中额。"大家别被评书、小说里的单挑给误导了，现实中将领之间根本不进行那样的单打。庞德能在军中瞄准、射中关羽，那就是他厉害的地方，这就是大将的武艺，他这就是一战成名了。

"时德常乘白马，羽军谓之白马将军，皆惮之。"名头是封出来的，曹操封庞德一个义将军，这个名头可能会收获一些人的尊敬。名气是打出来的，要用战绩来说话，敌人对庞德的称呼充满了敬意，那就是他真实的实力。

"仁使德屯樊北十里，会天霖雨十余日，汉水暴溢，樊下平地五六丈，德与诸将避水上堤。羽乘船攻之，以大船四面射堤上。德被甲持弓，箭不虚发。将军董衡、部曲将董超等欲降，德皆收斩之。自平旦力战至日过中，羽攻益急，矢尽，短兵接战。"《三国演义》中写的"水淹七军"，其实就是一场自然灾害，关羽利用了自然条件，自然也是聪明人。庞德强硬应对，而且敢于斩杀动摇的叛徒，带兵投入肉搏战，这就是他的过人之处。

谁说错过了公司上升期就不能有功绩，拯救危局一样是好样的。"德谓督将成何曰：'吾闻良将不怯死以苟免，烈士不毁节以求生，今日，我死日也。'"庞德给别人打气，也是给自己打气。庞德是西北人，在草原上率领骏马呼啸而过多威风，都是他打人，没有人打他。现在为大水所困，在自己不熟悉的战场上坚守，他第一次感受到了死亡的逼近。

"战益怒，气愈壮，而水浸盛，吏士皆降。德与麾下将一人，五伯二人，弯弓傅矢，乘小船欲还仁营。"五伯，也叫伍伯，就是士卒，最后有三个人跟着庞德抢船突围。即使是最坏的局面，他也在突围，没有放弃。

"水盛船覆，失弓矢，独抱船覆水中，为羽所得，立而不跪。羽谓曰：'卿兄在汉中，我欲以卿为将，不早降何为？'"关羽很客气，但也高傲得很，他对庞德用"卿"这样的称呼，那就是真心佩服他。

"德骂羽曰：'竖子，何谓降也！魏王带甲百万，威震天下。汝刘备庸才耳，岂能敌邪！我宁为国家鬼，不为贼将也。'"有人说关羽很有礼貌，庞德太粗鲁了，居然骂刘备，没有大将风度，这是不对的，做人在这个时候就要分明，稍微一暧昧，立场就说不清了。庞德如果稍微软一点，关羽都可能把他扣留下来，继续说服。他直接骂刘备，这就是一心求死。他忠诚，而且我们从前后文来看，这种忠诚和对曹操的爱戴，是真心的。

"遂为羽所杀。太祖闻而悲之，为之流涕，封其二子为列侯。"从年纪上看，曹操可以是刘备他哥、孙权他爹，也是自诩识人知人的大高手。庞德刷新了他对"忠诚"二字的认识，同样是被关羽俘虏，于禁求饶，又在关羽被吕蒙偷袭之后，被送回曹军。曹操一直都觉得，于禁才是威严毅重之人，但是这二人对待生死的态度，让他觉得自己看走了眼。原来我有一个这么好的下属，真后悔没和他多聊聊。曹操没过两年就去世了，曹丕继承王位。

曹操曾经变得不思进取，打下了汉中就退兵，没有去瞄准西川刘璋的地盘，但是庞德武德充沛、作战昂扬的状态，激励了曹操父子。曹操死后，曹丕就开始了一波扩张（当然他的能力不足，没有进展），而庞德就是他树立的一个榜样。

"遣使就德墓赐谥……曰壮侯。又赐子会等四人爵关内侯，邑各百户。会勇烈有父风，官至中尉将军，封列侯。"曹丕把投降的于禁接回来之后，仍然给了他官职，让他去看曹操墓的壁画。于禁看见关羽获胜、庞德愤怒而自己怕死求饶的壁画之后，羞愤而死。

好了，总结一下：

（1）好领导会吸引好员工，也许会让老员工留下；

（2）你可能会错过公司的黄金时代，但一样可以扬名立万；

（3）如果他是好领导，那他就会虎老雄心在；

（4）昂扬的员工可能会点燃领导；

（5）老员工也许可以摸鱼，但后来的人不能太惜力，不然就彻底没机会了；

（6）注意保护自己，别出师未捷身先死；

（7）好领导会考虑最卖力员工的利益，并加以回报。

当然了，庞德也有没做好的地方，比如他太爱激动，他对曹操的钦佩和热爱，曹操似乎全然不知道，这是一个嘴很笨的人。

之前我写过一篇攻略，讲的是如何跟领导交心，在"关系攻略"里，有兴趣可以去看看，题目叫《职场沟通：如何跟领导"交心"》。像庞德那样刚猛忠诚，是非常好的，但如果能够加上正确的沟通之道，那就如虎添翼了。

祝工作顺利！

太行

PART I 职场最通透

为什么有的年轻人只能坚持三分钟

年纪轻轻,学习、做事不能坚持,这是怎么回事?其实我们还真有些办法。

熊师傅:

我今年上大二,很迷茫。我做事总是三分钟热度,我认为我就是个懒人。我试过按照"关系攻略"里说的,用犒赏来驱动自己,可是我对什么都不感兴趣。

我吃饭就不怎么挑,犒赏自己吃点好的没什么感觉。我还试过用玩游戏犒赏自己,不过平时用碎片时间把每日任务做完了,就不太想打了。

但是我不想继续懒下去,我该怎么做呢?

G

G:

你好。

给自己贴标签,一定要谨慎。当你说"我这人如何如何"的时候,要特别谨慎,这就是你在给自己贴标签了。

你要考虑一下，你总结出来的这个标签，是不是你的本来面目？是不是你的根本属性？如果是，而且是正面的话，那就放心贴这个标签；如果是负面的属性，或者根本只是你性格的一个小侧面，那就不要这么说。所以，别随便说自己懒。你如果贴标签，那也应该贴"我这个人做事太仔细"。

心理学上，一切自我预言都可能给自己造成暗示。"我很强"，你可能就真的很强。"我很懒"，这就麻烦了，你可能真的就会很懒。

我是个80后，QQ的早期用户，那个时候默认签名档就是："这家伙很懒，什么都没有留下。"当时我觉得这句话很可乐，时过境迁，细细一品，这句话太可悲。很多人的一生，就这么悄无声息地过去了。太安逸或者太痛苦，都可能表现为懒，而勤快几乎只能在心情平静或者愉快的时候发生。

我在"关系攻略"里说过，先天的懒人很少，很多人更多是后天没养成好习惯。大学二年级还没有找到自己的学习节奏，这件事并不罕见，很多人都是大学三年级才开始努力上进的。你说你用吃东西来犒劳自己，却发现自己全无动力。这是很正常的，你可能根本没找到自己心爱的食物。至于用游戏来犒劳自己，就更没有必要纠结了。你说一个游戏的日常任务做完你就觉得没意思了，这说明一件事，这个游戏可能真没什么意思。

我的同事欧小宅，连游戏里的每日任务都坚持不了，她顶多打卡一个月就换游戏。她懒吗？也不懒。她最擅长的游戏玩了快20年，玩起来依然能48小时不睡（要知道她已经过了第三个本命年了）。所以你觉得玩游戏没动力，可能是没有遇到自己真正喜爱的游戏。

对游戏不上瘾，跟不吸烟、不喝酒一样，其实是一件好事，这样你就有更多时间去探索别的领域。你跟姑娘相亲，在简历上写一句"不玩游戏"，女方家长都会觉得"真上进"。

大多数时候，我会建议辛苦的人犒赏一下自己，现实中我也是这么做的。"职场关系课"上线之后，我给自己买了个PS Pro的游戏机。这能让我在回想起这段辛苦劳作时光的时候感到一点欣慰，但我肯定不是为了一台游戏机而努力的。其实完成目标本身就已经带来了极大的快乐，而犒赏，是给我们的第二波快乐。

大学头两年，最麻烦的情况是没有目标。有的人希望大四出国读研，那他可能早就奔走如飞了；有的人希望大三开始备战考研，那他可能在大二结束的时候就开始聚精会神了；有些人会批评那些热衷考资格证的人，说他们假装很忙，考了那么多证没有用。当然不是了。考证族也许在扮演一个很努力的人，但是扮演久了，人戏合一，他就养成了忍受艰苦劳动的习惯。而讽刺考证族的人，只是假装很明白，等到真的和努力的人竞争的时候，他们才发现自己已经落下太多了。

活着就需要一点仪式感。好多应届生写简历，爱好那一栏写的大多是：读书、旅行、慢跑。这就是没兴趣强行说自己有兴趣。正确的写法是：钻研东罗马帝国时期的拜占庭艺术（你肯定读书了）；沉迷于山西北部的木质佛教建筑（你肯定旅行了）；马拉松成绩在 4 小时之内（你跑得不慢呀）。

别懒，你可以不务正业，但你可以"务"一点副业。好多年轻人抱怨自己爸妈没有给自己安排一项运动或者学一门乐器，觉得二十多岁了再学，都不是童年的滋味了。这就是在给自己畏惧辛劳寻找借口。

有个大画家叫莫奈，是 19 世纪印象派创始人。他五十多岁的时候，突然迷上了画睡莲。那个时候的他，已经是一个成名十几年的大画家了，他在院子里倒腾出来一个池塘，春夏秋冬都去画，得了白内障也要画。不过看完他画的睡莲，当时的同行嘲笑"真烂！"。睡莲系列直到莫奈去世都没能卖出好价钱。人生最后的 30 年里，莫奈画了 250 幅睡莲。不得名不得利，他图什么？喜欢啊。中年之后的喜欢，都能这么用力这么凶猛，那么二十几岁为什么不开始寻找自己喜爱的事物呢？

《灌篮高手》里，湘北在预选赛时输给了海南高中。海南高中使了一个奇招，让身高一米六的新手球员宫益防守樱木。宫益不但矮，还戴着厚厚的眼镜，一跑就喘，比赛经验极少。樱木一看："笑话！这矮子能防得住我？"还真能，因为樱木的特点是遇强则强，遇弱则弱。当对手矮自己一个（多）头的时候，樱木变笨拙了；当对手是流川枫和仙道的时候，樱木才会变得强大。

人不能太佛系了。盯着一个人，羡慕他，甚至可以嫉妒他，轻微的嫉妒是最好的动力。我 30 岁那年，成了一个行业内的"老油条"，我知道一切把文章写好看、改好看的偷懒法子，各种耍滑头让自己过得舒服一点。换了一家杂志社之后，遇到了一位比我年轻 5 岁的同事。他比我玩命太多了，得了气胸，我送他去急诊室，医生给他肺上插了一根管子。住了三天院，他就让医生拔掉管子，冒死坐飞机去美国采访马斯克了。我看得哗哗流汗，从此一点懒都不敢再偷了。

大学的时候，好多同学爱去图书馆自习，因为能学得更投入，不会走神。这是群体压力在奏效。除了好好考试之外，也可以参加社团，跟人有更多互动。大二再参加学生会有点晚了，不过加入话剧社、棋牌社这样的兴趣社团还是有可能的。有些社团老聚餐喝酒，尽量离这种社团远一点。多认识一些人，尤其要多跟那种勤奋的同学在一起。

如果你要告别"懒"，那最好从你的口头开始。男生的"懒"，女生的"迷糊"，都是护身符，是萌化自己的坏习惯。它的正式称谓，就是不思进取和粗心大意，不要用这样的词形容自己。涉及自己人生的时候，不要溺爱自己，而应该敬爱自己。

中国近 40 多年经济增长的奇迹，就是两代最勤奋、最雄心勃勃、最热爱财富、最渴望新生活的人努力造就的。你生在这个时代,见证着这个时代,虽然还没有参加这项轰轰烈烈的事业,但也能通过高考这座"独木桥",成为社会主义事业的后备军。你不贪图吃喝,也不迷恋游戏,只是偶尔找不到自己的方向,却又立刻来找熊师傅探问自己,这样的你是不是一个特别自律、对自己的人生特别负责的人?

看完自己,现在请你告诉我:你,还懒吗?

祝工作顺利!

太行

总怕说错话得罪人，我这毛病还有救吗

这封来信写了怕说错话得罪人的苦恼，我们一起分析一下。

熊师傅：

近三年，"关系攻略"听了很多遍。有个问题一直想请教您：我在人际交往方面总是小心翼翼，怕说错话得罪人，请问如何做到不卑不亢，还能与人相处和谐呢？

L

L：

你好。

我记得你的 ID，是"关系攻略"的老朋友了，谢谢你的问题，我觉得它很值得写一下，就写出来分享给大家。

不卑不亢，和别人平等相交，这是优秀的人表现出来的相处之道，也是年轻人瞄准和追求的目标，换句话说，这是 90 分。战战兢兢、小心翼翼，这是我们现在所处的状态，我们可以把它

理解为是一个 70 分的状态。你在这个时候去对比 90 分，总会觉得自己好像做得不够好，其实你正处在一个升级、爬坡的状态，这个过程虽然辛苦，但也有收获。

我如今人到中年，和许多同样年纪的朋友聊起自己的下属、手下，都有一个共识：那些小心翼翼的年轻人，未来的前程都是不可预期的；那些一惊一乍的年轻人，反而很难在事业上有大的成就。这不是安慰你，这是真事。

我不知道你有没有想过，自己为什么会小心翼翼，担心得罪别人？因为你在乎别人的感受，希望与人为善，你之所以还没有收放自如、不卑不亢，只是由于你的处事经验还不够丰富，这是技术上需要改进的，而不是你的世界观有问题。

相反，如果一个年轻人目无权威，虽然在有些细节上能够打破条条框框，但性格上横冲直撞，以冒犯别人为乐，那么日子久了就会在公司或朋友圈树敌，就算才华横溢，也会有越来越多的"敌人"。所以，当你还没有达到 90 分的"不卑不亢""应对自如"时，就先好好欣赏一个"小心翼翼""战战兢兢"的自己吧！

此外，我还要说一点，就是"不卑不亢"这个特质，往往是遇到事情才能显示出来的，类似的还有"不慌不忙""有理有利有节"之类的表达。只有别人欺负到我们头上，给我们冤枉、委屈，我们的"不卑不亢"才能被发现。

我特别喜欢一个动画片,叫《铁甲小宝》,如果你是20世纪90年代出生的,那你可能在电视上看过。《铁甲小宝》里的小机器人们,平时都是大眼儿萌,一个个都可爱得很,只有在世界和平遇到威胁的时候,才会一声大吼,启动超级变换形态,然后击败对手,获得胜利。

大眼儿萌的状态,就是你小心翼翼的生活状态,而超级变换形态,就是不卑不亢,能回击一切欺负、冒犯的状态,这是在遇到事情时的状态。为什么卡布达不一直保持着超级变换形态呢?为什么他不用看上去永远那么刚猛、那么厉害呢?因为他日常和朋友们一起玩耍、社交,是正常生活,在低烈度的生活当中,大眼儿萌的状态比较舒适,每天都刚猛无俦开着斗气,机器人都会受不了,何况是人呢!

不要为难自己,我看你的描述,你希望的不卑不亢,应该还是在工作环境当中,你希望和同事之间的交往更加自然。这里我有一个小建议,就是抓大放小。什么是大,利益是大。涉及权限、利益、功劳,和对方一点都不要让,这就是不卑;遇到一些口头上、生活细节上的事情,可以舍一舍,让对方占一点上风,这就是不亢。

生活上可以非常随和,但是遇到关乎自己的利益、权限的事,就要把握得死死的,这样往来几次后,对方"吃"不动你,知道你是一个硬茬儿,就会和你平等相交,而不是想要从你这里蹭点什么便宜走。如此这般三四次，你的名声传开了，你就从"小心翼翼"向"不卑不亢"更近了一步。

对了，还有一点，就是千万别想要所有人都喜欢你。我以前说过一句话，叫"你又不是人民币，怎么可能所有人都喜欢你"。小心翼翼的人对自己要求比较高，有的时候就会特别辛苦。我们希望大多数人喜欢我们，甚至希望所有人喜欢我们，这个代价太高了，需要不断牺牲我们的利益，在各种争执中退让，关键是在这个过程中，我们会被一大群掠夺者锁定，成为他们的猎物。

趁早看明白这件事，当有同事让你觉得不舒服的时候，试试在心里念一下下面三句话：

（1）我是来公司工作的，不是来公司伺候人的；

（2）我最需要关注的关系是和领导的关系；

（3）我没有必要哄着所有的同事开心，尤其是你这种不知感恩的家伙。

如果你心潮起伏，就把主语换成"老子""老娘"，念上几遍，记得别念出声。然后你抬起头来，就会顿时觉得神清气爽，胆壮心齐。

祝工作顺利！

太行

年轻人被领导"任意欺负"怎么办

觉得自己被领导任意欺负，
我们来看看如何应对。

熊师傅：

您好！

我在国企工作，我的直接领导对我不错，但他有个做法挺不好的。这个领导对年龄比他大的员工都很客气，不管员工有没有后台，但对年龄小的员工就很不给面子。他跟我说话，态度很强硬，语气很不好。但他会给我讲职场经验，找我谈心，帮我解决私人问题，甚至还在大领导面前推荐我。

我知道直接领导对我不错，但他的态度太让我难受了。难道年龄小就可以被任意欺负了？我也希望被平等对待，被尊重。熊师傅，我要不要跟直属领导谈一谈？

O

O：

你好。

你不应该正式地去谈这件事。想要找领导沟通，希望他改变他已经用了40年的处事之道，这是不现实的。最重要的是，其实领导对你们的关系有清楚的认识，他不是不明白。你觉得你们像朋友、像兄弟，可以商量着来。但在他看来，你们是师徒，是父子，你必须听他的。

他用年龄来确定他对人的态度，这是把职场当大家族来看待。他不是倚老卖老，而是用年龄来划线，这就是他的规则。你们之间不光有任务分配，还有一道无法填补的鸿沟。这种气息浓烈的旧式师父，在现代职场越来越少，但是在国企确实还挺多见的。

当你尝试告诉你的旧式师父，他的做法不公平，他应该尊重年轻人的时候，你其实是在挑战一个可能长达2000年的旧格局。这件事有意义，但不应该由你来干，你承担不了这么重的担子。

把注意力集中到工作细节，以及和领导关系的改善上，你的时间和精力才能发挥出更好的效果。你其实很喜欢你的领导，好几个地方都提到了领导对你的帮助，对你的好。我在课程"职场关系课"里提到，最好的上下级关系是师徒关系。师徒关系的成立有三个判断标准：

（1）领导特别关心下属的个人成长（给你讲职场经验）；

（2）对下属的心理安抚频率较高（跟你谈心，帮你解决私人问题）；

(3)出现安排下属前途的行为(在领导面前推荐你)。

这么被领导重用,你一定是很优秀、很用心的了。我还提到过一点,那就是"我们都是必死的凡人",你领导的时间、精力是有限的,他比你年长,身上还有各种家庭压力。他教你东西,你已经足够幸运了,你还希望他照顾你的情绪,对你温柔礼貌、细腻可人,我觉得这太过奢望了。

对你来说,领导教东西,给你上手的机会,才是真正的头等大事。《射雕英雄传》里,有一个好师父叫洪七公,他教郭靖武功的时候,"笨蛋""傻小子"不绝于口,但他也真的疼徒弟,降龙十八掌全都教给了郭靖。

杨康倒是比郭靖机灵得多,但是完颜洪烈请欧阳锋收杨康为徒的时候,欧阳锋拒绝了。虽然话没有说死,他可以指点杨康别的武功,但是杨康看欧阳锋那么骄傲,就有点懒得请教了,这就错过了大好机会。

高人就是高人,态度好不好,真那么重要吗?师父对你粗暴一点,但师父不会跟你在一条赛道上竞争;和你同一批进公司的人倒是对你客客气气,可能还号称跟你做朋友,但是晋升的时候,你们就要直接竞争了。

人不能靠别人的客气态度活着,对吧?被领导骂、吼和挖苦,心里肯定会不爽。郭靖从小就被江南六怪骂,不过好在六个师父里，韩小莹是女老师，对他非常温柔，还有华筝和拖雷做他的朋友和兄弟。后来他被洪七公这样的聪明人各种损，身边有黄蓉陪着。

明白了吗？工作上的压力，不一定要在工作上解决掉。自己的恋人、伴侣、好朋友，都会帮你分担这些不愉快的情绪。你说师父对你态度不好、"任意欺负"，甚至到了求助熊师傅的地步，这确实可能是个嘴损的领导。但是听你的描述，这又是一个清廉而克制的人，没有什么坏心。"恨铁不成钢"的领导和"驯化你"的领导是完全不同的两种人。你遇到的是前者。

对这种领导，最好的办法就是赶紧变成真钢。洪七公叫了好多声"傻小子"，而当郭靖真正从一棵小苗变成一棵大树的时候，洪七公就对郭靖客气而尊重，把他当作成年人来看待。

被领导私下骂，真的别往心里去，但是如果是公开批评你，那就要明白怎么接话。我在"职场关系课"里提到了，如果你已经有了下属、徒弟，这时候被暴躁的领导骂，话应该怎么接。

不要觉得领导在骂你，而是要明白，领导在给大家提要求。领导骂人，你要做笔记。领导骂完，立刻要总结："刚才领导给大家提的要求，大家都听清了吧！"骂是有内容的，当领导在骂你的时候，你脑海中可以分析："这句全是粗口，就是发泄情绪。""这句在提要求，我记下来。""这句是质问，一会儿要回答。""这句是期待，他希望大家能做得更好。"

当你沉浸在每句话的用途时,你就会发现,"羞耻""屈辱"这样的词汇——与你无关!

祝工作顺利!

太行

领导要"抢"我论文的第二作者，该怎么办

遇到一个领导冒功，强行要挂论文第二作者。如果对方得寸进尺，要挂第一作者怎么办？

熊师傅：

我是一名"青椒"（高校青年教师的戏称，太行注），博士毕业后到了高校工作。副院长最近给我一个 C 刊的约稿，因为题目和我研究的内容很相近，我也很急于把我的观点抛出去，就答应写稿。

写完稿后他提出要做第二作者，其实我也不是特别反对，只是他事后再提我觉得很不地道。之前他就曾经有一个许诺没有兑现，我觉得他说话不太靠谱。再者，我不是要靠他才能在这个级别的刊物发论文的，所以心里多少有些不舒服。

我想请问：

（1）如果这篇文章他悄悄地改成了他当第一作者怎么办？

（2）他毕竟是我的领导，但高校并不是团队合作考察绩效，

一定要我自己做出成绩才行。以后我应该怎么应付他,又不至于得罪他?

D

D:

你好。

你的副院长确实是一个不太地道也不太靠谱的人,这种协调有悖学术规范,但是我要说一句,在今天的学术圈,这种事并不罕见,既然入了这行,对这类事情就要有心理准备。跟青年教师协商之后加挂第二作者,毕竟还留有最后的体面,比直接加挂或者干脆盗用剽窃,还是要好一些的。

你说你担心对方会直接变成你论文的第一作者,这个不用太担心,我们在社会生活当中有个词,叫作"基本信任"。什么是基本信任?比如我们进一家大饭店,点了四个菜,后厨就会开始做菜,他们不会担心我们吃完饭不给钱。同样,我们如果进一个小饭馆,先付钱,厨房会给我们煮面,我们也不会担心饭馆收了我们的钱不给我们饭吃。这就是基本信任,因为这种低级的背叛犯不上。

副院长有不劳而获的恶习,还有说了不算的劣迹,但是他知道挂名要跟作者商量,这意味着你不用太担心他直接去当第一作者。他是副院长,肯定评上正高级职称了,各种资源很多,第一作者对他而言没有那么紧迫。但对你来说，做第一作者的意义重大，他如果冒险去"抢"你的第一作者，是不划算的，如果你要拼个鱼死网破，诉诸舆论，那他的损失比你要大得多。

当然了，有一句话叫防人之心不可无。论文可能被人盗用、剽窃吗？当然可能了。领导可能会搭着你的论文"出海"，但同行、同事、师兄弟反而有可能会盗用你的论文，一篇论文私下给别人看过，被别人抄走抢先一步，在高校当中并不罕见，这里有一点技术上的办法，可供参考。

在编剧这个行业里，被剽窃的风险很高，你的故事结构、悬念设计，都可能会被盗用。但是编剧们往往要把自己的作品交给影视公司、制片人、平台方等去阅读，于是，在各种斗智斗勇当中，就出现了一些好用的法子。这些法子，各位"青椒"都可以参考。

1. 在文档上打水印（花费为0）

除了你的导师和出版社编辑之外，不要发可编辑的 Word 文档给别人，给他们 PDF 格式，这种格式上可以打水印，水印格式如"本文档供熊师傅审阅"，对方就不会转发给其他人或者上传到某些容易泄露的云盘了。

2. 著作权登记（花费为 300 元左右）

中国版权保护中心提供著作权登记，个人文字类作品是 300 元一件。这个阻挡不了盗用和剽窃，但是可以在法庭见的时候被当作证据。

3. 给自己发 EMS（花费 20~30 元）

你的论文完成的时候，可以把论文打印出来，发一份 EMS 邮件给自己，地址可以是从办公室到家里，或者家里到办公室。这个邮件不要拆，放在避光干燥的地方，然后再把你的论文交给领导或者进行投稿。

未来如果需要对簿公堂或者诉诸舆论的时候，带邮戳的封装包裹里有原稿，这就是你是原作者的最好证据。对方电脑里的文档没有早于邮戳时间的，就没法证明自己是原作者。

4. 埋作者密码

有的编剧为了防止自己的剧本被影视公司盗用，会把故事中的角色命名为自己的小学同学，或者在某些剧情里给人名、地名埋暗号，如果剽窃者毫不知情，那就会把这些东西一概抄走，这个就是作者埋下的密码。

在论文当中，脚注也是可以偷偷埋密码的地方，在介绍的时候用个别异体字、别称，就可以给盗用者把坑挖起来，未来需要舆论战的时候，你可以把自己埋下的记号一一公布出来。

当然，编剧还有一些法律手段，比如要求所有看剧本的人签署保密协议等。但这个在学术圈没有行规，"青椒"们恐怕就不能用了。

这些东西在手里，如果他还敢偷摸着给自己署上第一作者，那就有学术不端的把柄在你的手里了，那时候是要嚷叫起来，还是让他妥协换点什么，就看你的心情了。

好了，说完了这些小技巧，我来跟你说说应付副院长的事情。大学教师都有两个属性，一个是研究者，另外一个是事业单位的员工。从第一个角度来说，确实是各干各的，每个人要做出自己的成果；从第二个角度来看，你要服从单位的各种安排，也有各种各样的任务，"青椒"们可能要被分配各种各样的行政任务，担任各种助理、秘书职务，再当个班主任——这类任务会非常占用你的时间和精力。

副院长用你的劳动成果来完成他的学术任务，你出让了权益，那就应该把这个权益换成一些有用的东西。看看你们学院有什么，看看他分管哪一块儿，考虑跟他换点什么。有个访学、交流的机会，您看我能不能去？那个去边远地区的任务，我今年正好任务重走不开,您看能不能安排别人过去?你在学术方面替他做点事,他在行政那边替你挡点事,这就是一段值得合作的关系,不要试图让他带着你出成果。你们这一拨年轻教师受的学术教育远比副院长水平高,外语也好,都站在前端了——他还没你会,怎么可能带得动你?

保护好自己的成果,出让其中的一部分权益,和领导交换,盘活资源,省出自己的时间和精力,出更多的成果。这就是"青椒"们做大做强的关键。

祝工作顺利!

太行

| 不完美关系 |

领导说拿我当兄弟却不涨工资，该怎么办

领导为什么不肯给亲如兄弟的下属涨工资？
我们一起来拆解一下。

熊师傅：

您好。

我是公司里的业务骨干，最近跟领导申请加薪。领导说了很多行业艰难、公司业绩不理想之类的话，告诉我涨薪可以，但幅度不能达到我的预期，最后又表扬了我半天，说管理层对我都很认可，拿我当一起打江山的兄弟。

我听完很憋屈，嘴上那么亲热，实际涨薪幅度只有一点点，感觉自己被糊弄了。请问熊师傅，我该怎么看待这套言辞，这是公司不给加薪的套路吗？接下来我该怎么办？

B

B：

你好。

首先祝贺一句，这两年还能加薪的朋友，都是非常出色的。你问了两个问题，我们一个一个来看。领导是不是在套路你？我的回答是：是，不过这不重要。

套路是什么？一个人出于自己的利益，精心准备的一套应对你的方法。放在你的经历中，就是领导希望用尽可能低的成本驱动你为他干活儿。我在"关系攻略"里常常跟大家强调，判断一个人不能光看他怎么说，要看他怎么做。你能把领导的言行分开来看，这非常好。不过只停留在这一步，还不足以让你做出有效的决策。

你在提问中用了两个词描述自己的感受：憋屈，被糊弄了。看破领导用套路对付自己之后，你觉得感情受到了伤害。这个反应完全可以理解。我们在大街上看到那种特别低级的骗局，也会吐槽一句："拿我当傻子吗？"不过领导和下属之间，不是骗与被骗的关系。领导用诉苦和表扬来安抚你，可能是小气，有钱舍不得发；也可能是公司经营确实不太顺利，这时候只能用有限的工资涨幅表达诚意。但无论哪种情形，他认可你的能力，在乎你的感受，想要稳住你的情绪让你留下来，维持这段雇佣关系，这是没什么疑问的，否则他直接说一句"就这么多，爱干不干"，那就是催你自动离职了。

至于那些"拿你当兄弟""特别欣赏你"的话，就跟"How are you""You look good"类似，是问候、客套，是一种"我仍然希望维持这段关系"的善意。我们不会因为陌生人或者半熟脸点头问好就反击"你是不是想骗我"，同样，领导说"兄弟""在乎"之类的话也没必要觉得气愤不平。

放下对套路的厌恶之后，试试站在更高的角度考虑自己的利益。我们做个减法，如果砍掉枝叶，去掉一切言辞信息，你的问题描述会变成这样："我向领导申请加薪，他给的加薪幅度让我不满意。"再简单一点："我对收入不满意。"明白了吗？聚焦于问题的核心——你觉得收入和付出不对等，那下一步该做什么就会很清晰了。

套路千万条，办法就两条：在内部，寻求加薪，你已经做了，结果并不理想；在外部，看看新机会，这也是我建议你接下来去做的。

会计学中有个概念叫"公允价值"，它的大概含义是，一项资产在信息透明的条件下，由懂行的买卖双方，公平自愿进行交易，最终达成的价格。每个职场人在招聘市场上也都有自己的公允价值，这就是用人单位愿意给你支付多少薪酬。这和你现在能挣多少，是两个不同的数值。

如果跳槽能让你薪酬大涨，那没什么可说的，公司就是在占你便宜，赶紧离开这里，奔向更大的舞台。如果找不到太好的新机会，甚至其他地方远不如现在的公司，那就先冷静下来。领导说的"行业艰难"，未必是托词；他给出的薪水涨幅，也未必没有诚意。对这些职场老油条的话术不爽，你可以在心里狠狠吐槽一句："这家伙套路我呢，当我不知道吗！"但是发泄完了，就要开始采取真正有效的行动，维护自己的利益，看看招聘网站，找老同学、老同事聊聊新动向。别为了领导的套路纠结痛苦，沉浸在情感被伤害的感觉当中，那就是跟自己过不去了。

祝工作顺利！

太行

| 不完美关系 |

那辆香河开往北京的
汽车里到底发生了什么

关于女性提拔难的故事。

熊师傅：

几个月前，我换了一份工作，做信用卡的催收。我上班一个月后，之前公司的同事 E 联系我，问我在哪儿，我介绍了现在公司的情况，他觉得还行就过来入职了。

老员工 D 最近担任了组长，D 以前是经理的司机，业务能力可以，但管理能力不强。D 任命 E 担任了小队长。他俩都在香河买了房，一起开车上下班。

当时我才过两个月试用期，E 还没过试用期……新人一共就七八个，提拔还早呢。这个结果一出来，所有人都惊呆了。最后，两个人离职，两个人转入其他组，还有一个没有过试用期，一个过了试用期，只剩下了三个人。

我的业务能力跟前同事 E 不相上下，其他能力要比他强：

（1）我认识公司客户，并保持良好的关系；

（2）业务能力不弱；

（3）能在这么短的时间里跟各个部门建立很好的人际基础，便于相互协调；

（4）组内的一些紧急任务，我能张罗大家优化流程，更快更好地完成任务。

E在升任小队长之前是个小透明，升了之后也不能组织大家团结在一起完成目标，现在这个组就像一盘散沙似的。

为啥不升我……我心里不舒服很久了。熊师傅，求救……

M

跟M同学首先确认了一件事：M和E的性别。M很快回复了我：

"他是男的，我是女的，但是我们公司也是有女领导的，经理助理男女比例1∶1，小组长9个，有3女。我已婚已育，孩子一岁半，由婆婆带着，基本不打算生二胎，我们公司也有生孩子休产假的女领导……"

好了，大概明白了。

M 同学：

你好。

领导提拔一个人，业务能力只是一条及格线，所有超过了这条线的人，都会被纳入考虑范围，过线的人里，会被这 4 个问题筛选：

（1）这个人会走得更远吗？
（2）这个人能全身心投入工作吗？
（3）这个人有没有什么额外的风险？
（4）这个人对我忠诚不忠诚，我能不能信任他？

挨个说一下：第一，这个人会走得更远吗？

M 同学你要注意，E 被提升为小队长，这是最基层的管理者，是组长 D 在用人，D 不是企业的负责人，和老板之间还隔着五六层，如果企业的结构复杂、规模足够大，那么一个部门负责人的利益和企业的利益可能是完全相反的。这就是我们在"关系攻略"里经常提到的一个概念"利益接合部"。

D 用人的时候，就要考虑未来这个人的成长空间，如果下属前程远大，那未来老上级也可能用上他的资源。未来的 5 年或者 10 年当中，上级和下属之间可能会继续保持上下级关系，也可能会逐渐成为平级。这个时候，曾经的下属可能就会成为 D 出色的盟友。当然下属太厉害也不行，晋升跨过了上级，上级肯定不能答应。

怎么判断一个下属能不能走得更远？标准不统一，比如出色的毕业院校；硕士或者更高的学历；一些行业可能会看有没有职业资格证书；还有的行业可能会看前一份工作是不是大企业。同等条件下，年轻一点的人可能会有更多的提升机会。

以上条件如果都不重要，或者差不多的时候，领导可能会简单粗暴地用一个办法：提那个男的。因为他们觉得男性的前程会更加远大。D是领导司机出身，负责的又是一个对接国企、要账的部门，这些经历让他可能没有办法有什么太高明的见识，尤其是关于性别平等之类的议题，他应该是一无所知的。

但如果你们的业务要经常去跟一些企业、一些糙汉子打交道，需要吃吃喝喝的话，"提一个男的"的冲动就会更加紧迫了。这种人力密集型的公司，偏销售类的，对女性的提升确实不太友善。在这种公司里，老板、公司合伙人这类大领导，已经不在乎栽培基层管理者来做自己的羽翼了，他们反而可能会秉着公心，给女性下属机会。

当然也不要期待女性领导能够对抗一般规律。女性领导虽然是女性，但首先是领导，是领导就会首先考虑效率和利益，她更清楚两种性别在职场上的优势和劣势。换句话说，即使D是女性，她可能也会选择E，而不是你。

第二，这个人会全身心投入工作吗？

职场上，员工的投入程度非常重要，要提拔一个小队长，首先要确定这个人的心思会在这里，提拔一个人，过半个月小队长离职了，那对下属的士气和领导的威信都会是巨大的打击。

在很多公司里，提升的顺序是这样的：男性已婚——男性未婚——女性已婚已育——女性未育。因为有些领导受一些传统思想的影响，认为已婚男性是"成家立业"的人，尤其是有孩子的人，经济负担相对比较重，不容易跳槽，更容易安心工作，但这是一种偏见。

很多领导选择了笨男人，也是因为聪明姑娘的机会确实更多，除了有些人可能会选择婚姻之外，她们往往还擅长考试，可能突然考上编制就回家发展了。

职场上的女性如果想要获得提升，那就要对你的领导强调自己的职业精神，每天都认真对待每一项工作，在工作中绝对不偷懒，家庭当中的事情都安排得好好的，不耽误工作。

你托婆婆照顾孩子，就是一种对工作富有诚意的表现。但是这件事你自己知道还不行，跟我倾诉也不行，你得让领导知道才行。比如你跟我说的是："我已婚已育，孩子一岁半，由婆婆带着，基本不打算生二胎。"对领导说的时候，就应该再斩钉截铁一点："我已经有一个娃了，肯定不会生二胎。跟着您能学到好多东西，我也希望多替您分担。"表忠心不需要肉麻，需要的是那种斩钉截铁的架势。

第三，这个人有没有什么额外的风险？

领导提拔男下属和女下属，有各自的风险。我把它总结为"陈玄风和梅超风"，这是《射雕英雄传》里黄药师男女弟子的名字。男下属容易像陈玄风那样野心膨胀，一个不知道感恩的下属，如果越过领导去私自接触大领导或者其他部门的领导，去偷"九阴真经"，那就坏掉了，不能要了。有些小年轻容易自以为是，带这种下属，领导必须认真敲打他，让他明白做什么事是不可原谅的。

提拔女下属，怕的是像梅超风那样卷入流言丑闻。男性领导倘若提拔一个女下属，其他的下属很可能会因为嫉妒而造谣生事。提拔一个女下属当领导不容易啊！要么就是这个人业务极其出众，到了那种领导依赖、成了台柱子、碾压所有人、让人住口的地步，要么就是这个女候选人上面有人赏识，有比较硬的关系来打招呼，用上级意见来压下面的反对声。所以，很多时候女性候选人明明和其他男性候选人差不多，或者强一点点，可机会还是可能会被男性候选人拿走。

M同学你不要难过，你所遇到的局面，可能就是这种情况。不要责怪自己，首先，你也才刚刚过试用期两个月，领导对你也还不熟悉、不了解；其次，你的领导也是机缘巧合，捡了这么一个领导的职位，他也没有做好当领导的准备，摸黑选了一个小队长,可能就是不够合适的人。

静下心来吧,贵公司的人事情况并不稳定,未来肯定还有机会。

接下来,你要表达你的忠诚了。(对应最后一个问题:这个人对我忠诚不忠诚,我能不能信任他?)

D 以前是大领导的司机,后来他能有机会在老组长下课的情况下接任组长,其实就是这种关系——他是被领导信任的人,领导觉得他忠诚。司机能够有很多时间和领导共处,能够表现出自己的忠诚,对领导家里的情况也有很多的了解,他们往往是那种"不痛不痒的中级职位"的第一候选人。

有没有发现?E 和 D 组长其实也是这样的关系。E 现在每天和 D 一起开车从香河进北京,E 应该是身为下属,承担了开车的活儿,四舍五入相当于 D 的司机了。这一路就能聊很多对部门、对工作的看法。这种高强度、私密性强的沟通,一小时能顶工作上的四五个小时,这么过几个月后,D 对 E 应该已经非常信任了。

提人提什么样的人啊?是提那个能力最强的吗?当然是从所有能力合格的人里,挑一个我最信任、最听话的啊!写到这里,有点替 M 同学你惋惜。你在这几个月里应该付出了很多吧,协调那么多新老同事的工作,操心上上下下的事务,肯定是费心劳神的。你觉得自己为集体付出,像是一个话事人(做决定的人,拿主意的人)一样带着大家前行,但是等到任命的时候,有人靠给组长开车当上了小队长，你心里一定觉得特别委屈吧。

我觉得这不是坏事，这家公司的气质、你领导的做事风格，现在已经全然呈现在你面前了，你说你跌了一个大跟头，很疼，我要说的是，这样的跟头，越早跌越好。D的胸怀见识，不足以用你，如果你们组里没有另外一个"队长"的职位，那我觉得你可以看看公司里的其他部门。

当然，手上的业务还要好好做，想要在公司内部流动，D的态度还是很重要的，小恩小惠走一波，时不时向D这个领导请教一些业务上的问题，维护好关系。这期间再私下触接公司里的其他部门，工作上做出一点名声之后，在内部流动也是可以的。

此外，我注意到你评价你们同一批入职的同事："两个人离职，两个人转入其他组，还有一个新来的没有过试用期，一个过了试用期，只剩下了三个人。"你好像把这种人员流失当作D组长或者E队长不善于管理、把局面弄得一团糟的标志了，但很可能不是。贵公司可能就是用大规模撒网、大规模淘汰的方式，来借用试用期员工的劳动力，同时节约成本。

最后，我可能要提醒你一句，你提到："我们公司也有生孩子休产假的女领导。"职场上有一个重要原则，就是跟自己比，不跟别人比。如果你的计划是要在这家公司出人头地，那就不要去跟女领导们比，女领导休产假还能保住自己的领导岗位，要么是能力被肯定、队伍死心塌地，要么是有足够硬的背景，进这家公司的时候就不是简单角色。

《劳动法》会保证你在孕期、产期不被辞退，但是要在孕期保住领导岗位，需要的是本事、人缘和领导的信任。本事大让领导对你割舍不下，怕你离职找别家；人缘好让你的同事乐意帮你分担工作；但是最重要的还是领导的信任，同事关系当中最重要的一种关系，就是你和你的领导之间的关系。

你现在需要的是什么？是做出过硬的成绩，找到那个愿意重用你、愿意提拔你的人，他（她）也许在别的部门，也许在别的企业，也许在别的行业。

不要把眼光只放在 D 和 E 的关系上，他们值得你用心复盘思考，但不再值得你继续费心思量。

祝工作顺利！

太行

领导突然连名带姓地叫我，是福还是祸

职场上的称呼非常微妙，领导突然连名带姓地叫你，可能就有点不妙，一起看看 J 同学的苦恼。

熊师傅：

有件小事情想请教。我跟着领导干活儿，负责一些对接的工作。之前在微信群里，领导会喊我"小×"，最近他不这么叫我了，他在微信群里叫我的全名。这怎么办啊？领导是在心理上疏远我了吗？

J

J：

你好。

千万别想太多，名字就是用来称呼人的。领导在微信群里叫你的全名，不是疏远你，而是可能不再把你当小孩了。只有两种人会在生气的时候喊你的全名，一种是父母，一种是爱人。比如小时候会听见"熊太行赶紧做作业去！"恋人最极端的称呼还不是全名，而是"姓×的"，一旦称呼到这个份上，基本就要有"刀光剑影"了。

职场上称呼人的规则完全不同。古代，名是父母、皇帝、长官可以称呼的，平辈之间互相称呼字，下属称呼上级，连字也不敢称呼，一般称呼"老大人""老先生""某相""某督"，或者用号、籍贯来指代。但无论如何有一点：他比你官大，叫你的名字就不算失礼。

现在中国人基本不取字了，同事之间互相称呼名字都没有问题。有些领导会叫下属"小熊""小欧"，这是表示对年轻同事的爱护。你年纪大点了，资历也深了，再喊你"小×"就不合适了。全名听起来没那么亲昵，但这是每个人必经的成人礼。领导喊下属全名，除了"开始把你当成年人"，可能还有几个原因。

1. 终于记住你的名字了

大部分领导都记不住无关紧要的下属的名字，更过分的是连下属姓什么都记不住。你一定听过领导这么喊人：那个谁、那个小伙子、黄头发的、戴眼镜的……形容词一堆，愣是说不出姓名，被喊的人也伤自尊。

记住下属姓什么，是领导偷懒的好办法，再加个"小"字，还显得亲昵。当你做出成绩，领导发现"哎哟，这个小孩不错"

的时候，他才会记住你的全名。认得人这件事他巴不得立即让你知道，于是喊你全名。

2. 下属的姓氏相同

碰到相同姓氏，喊一声"小×"，可能会有两三个人回应。比如曹操喊一声"小张"，张辽、张郃、张燕、张既都要答应一声，还不知道是在喊谁。安排工作的时候如果分工不清，就容易出错。比较好的办法就是喊全名。

3. 领导想避嫌

有些领导会尽量隐藏亲疏远近的区别，"小×"听起来还是亲昵了。比较严肃的工作单位，领导会尽量一视同仁喊下属全名，尤其是称呼异性下属，都叫全名不显山露水，以免被其他人过度解读。

还有一种情况是，领导不希望因为自己的个人偏好导致团队里有山头，想营造下属之间平等的团队氛围。这种情况下，领导统一喊下属"小×"的话，碰到年纪大的下属会尴尬，不如喊所有人都用全名。

既然说到了领导称呼人的规矩，那就再说说普通员工应该怎么称呼同事吧。职场上喊人的顾忌不少,想套近乎强行亲昵,反而会招人嫌。

错误1:喊哥喊姐

天津的习俗就是不分年龄都喊女性"姐姐",但是职场上,最好不要叫哥叫姐。地方风俗不适合带到职场中,一来不专业,二来让人感觉过于刻意。套近乎会让很多人不适,甚至有防备心:你到底图什么?而且这类"尊称"很多人并不喜欢。有的人会计较:"我明明这么年轻为什么把我喊老了?"同理,叔、姨、大爷、大妈都别喊。

此外,如果你特别喜欢谁,真心想称呼谁一声"哥"或者"姐",那最好把这份敬意收藏起来。你喊一个人"姐",另一个人会不会介意、嫉妒?一句"姐"叫出来,给你们两个人都招来嫉恨,没有必要。

错误2:公然喊外号

有的人喜欢给关系近的同事起外号,虎背熊腰带口音,就叫人家"熊大",猪腰子脸,就叫人家"光头强"。外号通常带有调侃的意味,关系好私下斗斗嘴可以,职场上这么嬉皮笑脸,显得不专业。

《西游记》里的沙僧就做得很好，虽然台词来来去去就是"抓走了"和"说得对"，但他始终对其他同事使用官方称呼"大师兄""二师兄"，而不是"猴大哥""猪二哥"。这帮助他树立起了沉稳老实的人设。

领导的外号更不能乱叫。猪八戒给唐僧起外号，说师父"姓陈名到底"，这就很不严肃，是典型的"猪队友"。

错误 3：喊小名 / 乳名

私下和公开都不适合喊人的小名或者乳名。以前小孩难养，很多父母担心孩子夭折，会在孩子小的时候起一个"贱名"，比如"狗剩"，相信贱名好养活。虽然现在医学发达了，但起小名的习惯还是延续了下来，不一定"贱"，但依然是长辈在用。

一旦你喊别人的小名，就有压人一头的嫌疑，仿佛你是人家的家人甚至长辈。即使小名、乳名好听，职场也不是宣布你们关系的地方，容易招嫉妒。

错误 4：用带关系的称呼

"学长""师兄"在实验室里称呼毫无问题，但如果在大公司，仍然用师门的称呼来称呼同事或者领导，那就不够妥帖了。

看过老电影的人都知道，每次黄埔系一称呼蒋介石"校长"，杂牌军就要不服这个长官，整点事情了。

说完了这几个注意，再强调一点，那就是有距离感的称谓更舒适。名字是三个字的同事，表示亲近可以只叫名，比如"朗普""笑川"，或者名的叠字，比如"瓜瓜""伟伟"；名字是两个字的同事，叫全名。有的人的名字是三个字，但也被用叠字称呼，这要看个人意愿，比如"熊太行"叠字成"太太"，就很不妥当。

至于点头之交，平级同事之间沿用"二字法"，对级别高于自己的同事或领导，喊"姓氏＋职位简称"。如果是机关单位，可以互相称呼"同志"。学校、媒体或者文化类公司，可以互相称呼"老师"。

最后，给职场新人一个判断的小技巧。是否受领导重用，一些称呼的变化、见面有没有打招呼，都不做准，而是要看他怎样安排你的工作。领导给你派活儿，派很多活儿，派重要的活儿，还给你升职加薪，这是实打实在重用你。钱都塞进你手里了，你居然还在纠结一个名字的事！

祝工作顺利！

太行

同事已经破口大骂了，我应该回骂还是退群

关于职场上的冲突和关系修复。

熊师傅：

您好！

和两个同事（甲和乙）成了好朋友，三人建了一个微信聊天群。半个月前的宣传当中，我的下属如实写了甲的职称，这是她的软肋，她不愿意公之于众。我审核的时候没考虑到这点，她就在群里大骂我手下缺德，还问是不是没人审核，说得很难听。

我一开始觉得她很难过，是我的过错，并安慰她，她没有回复。现在我不想再在群里说话了，觉得她的这种行为让我很难受，但她俩在群里还偶尔聊天。后来乙劝我放下这碴儿，就算是过去了，让我正常聊天。但我觉得我心里还没过去这个坎儿，不想在群里说话，但也不知道该怎么做。

我有必要在群里继续维系这段关系吗？不维系，怕见面尴尬；维系，我心里还是过不去这个坎儿。

L

| 不完美关系 |

L同学：

你好。

先说结论：这个群不用退，但这个群的消息也不用再回。别往心里去，这件事你没做错。孔子说："君子不迁怒，不贰过。"甲的职称很低，她首先应该反思的是自己的成绩有问题；其次可以责备评定职称的各种不公，发现单位的内部宣传实事求是地写了她的职称，心里不舒服，就应该客客气气，请你修改文章，或者提醒你下次照顾她的面子。无论如何，她都不应该迁怒于你或者你的下属。

你们单位应该是个事业单位或者机关单位吧，甲这么热衷于自己的名利，又像小公鸡一样好斗，这个人在工作上是走不远的，她那个评不上的职称，就是最好的例证。孔子说"友直、友谅、友多闻"，这个人一不正直、二不诚信、三没有见识，一条不占，你何苦勉强自己和这样一个人做朋友？

我曾经在"关系攻略"里写过一篇《你很闲吗？居然想在职场上收割友谊和性》的文章，其中详细解释了为什么不要在职场上交朋友和男女朋友。你可以找来这篇文章重温一下。

我得提醒你一件事，这个群承担不了三段友谊。拿同事当朋友，本身就已经让自己立于险地了，L同学你做了一件更危险的事，那就是把复杂的三边关系，简单地等同于两边关系，注意看你的表达——和两个同事（甲和乙）成了好朋友。你可以和甲交朋友，可以和乙是朋友，但不能和甲乙交朋友。刘备和曹操、孙权都合作过，但三个人从来不能一起出现。

甲和乙的利益各不相同，在和你的交往当中有不同的诉求。简单地把两个人当朋友来对待，那一定会出问题的，你们可以是酒友、饭搭子、猫友，但不应该是朋友。

人和人的关系本来就是微妙的、含混的、复杂的。同事之间可能今天是盟友，明天就是对手；今天在争名夺利，明天就大家一起联手反对第三人。职场上交一个朋友，就等于捆住了自己的两只手，交两个朋友，那就把双手双脚都捆住了，遇到别人欺负你，你还怎么还手呢？你和甲、你和乙、甲和乙，这是三段关系，处理每一段关系都需要双方倾注心血，亲密值的增加都是在一对一的环境下实现的，想用一个微信群聊聊天就维系好三段关系，是做不到的。

好了，给你解释一下甲为什么在群里骂人。甲因为你的下属写到了她的职称，在群里大骂"缺德""没人审核"，把工作失误指为道德瑕疵。她用的招数，叫作"情绪伤害"。人际交往中有这么一招，破口大骂，让对方饱受愤怒、内疚情绪的折磨。

这不是什么高明的技能，相反，很多时候，使用这种技能的人根本不占理。甲就是这样的人，她在流程或者说工作上找不到你的错误，所以用"你缺德""你针对我"来欺负你，趁机取得

| 不完美关系 |

对你的优势，让你觉得你欠了她的，未来就有机会操纵你做别的事情。

正确的应对方式就是"把不确定性留给对手"。这是人际关系上制造心理优势的妙招。什么叫确定性？举几个追求确定性的例子："哎，你说咱俩这算是在谈恋爱吗（其实已经谈上了）""你说咱们还算是朋友吗（问出来之前就已经不是了）""你说我和她还要来往吗（其实已经不来往了）"，一定要把这种追问留给对方。用神秘的、不可确认的微笑来应对对方，让对方摸不透你在想什么，那处在不确定的优势位置的就是你了。具体怎么做，就是各种地方都不说死，多让她猜。

甲和乙在群里说话，你不理，几轮下来，甲就会觉得没意思了；乙来劝你，多半带着甲想试探你的意思，你点头答应："好的，我们还是朋友啊。"但你始终不在那个群里露面。乙如果问你是不是对甲有意见，你就微笑着说："哪儿有意见，都是同事嘛。"见到甲了，微笑着过去，什么都不说。偶尔看到她的衣服、发型，擦身而过的时候称赞一句："哎，今天的衣服不错哦！"她一定会吓一跳："这家伙是要算计我还是真心的？"让她猜去，让她纠结去！

绝对不要主动跟她聊天，也不要在工作中帮她，客气到极致，礼貌到极致，疏远到极致。和别的同事可以亲密一点，该约饭约饭，该聊天聊天。几次下来她就毛了，因为她根本不知道你是恨她，还是不恨她。她不知道你还算不算她的"朋友"，这个时候，她就要来追求确定性，就要来跟你确认你们的关系了。

事业单位的人际关系比流动性大的私企要和缓，大家可能要同事很多年，所以完全拉黑对方，是不太现实的。等到她表示歉意或者主动示好之后，再恢复和她之前那种有内容的聊天，让她觉得你们还是朋友，这是比较舒服的。滥用情绪伤害的人如果第一次在你身上没有奏效，以后反而可能客客气气地跟你讲道理了。

但是你自己心里要明白，这个人不是你的朋友，她不在乎你的感受，她会在关键时刻踩着你往上爬，未来争权夺利的时候，你一定不要手软。这个不确定性叫什么？这就是老人们所说的"城府"，有的时候是贬义，但它不是"心机"的意思。城、府，都是城市的意思。胸有城府，说的就是心中有一座地级市。这座城市里有热闹的集市，有琅琅读书声的校园，有争先恐后的体育场，有大门朝南开的府衙，有杀猪宰牛的屠场，还有开刀问斩的街头。

你的丰富性，就是城府；你的复杂性，就是城府；你对不同的人采用不同的策略，就是城府。城府就是你丰富到难以预测，对手猜不到你在想什么。你可以对人默认友善，但对别人的挑衅和背叛一定要加以反击。谁做你的自己人，谁就会心安，就会感受到你的确定性，一旦和你为敌，你就无处不在，各种不可预期。

  职场上最难对付的就是复杂、不能被轻易猜透的人。用情绪欺负人，野人也；用不确定性来跟对手博弈，君子也。我看你跟甲道歉过。如果甲去找你下属的麻烦，那你一定要好好安慰她、保护她。人必须保护自己人，我们可以为息事宁人而向一个不讲理的坏人道歉，但是我们不能让手下受委屈，我们最不可背弃的，就是那些信赖我们、仰慕我们、跟从我们的人。

  祝工作顺利！

太行

附言：

  乙这个人也并不可靠，要么是拎不清，要么是跟甲更亲近，要谨慎对待。在"职场关系课"当中，我解释过盟友和朋友的区别，有兴趣的话，可以找来看一看。

同事只邀功，
活儿都推给我，怎么办

同事邀功推活儿，怎么办？

熊师傅：

最近来了一位新同事 A，特别会推活儿。不知道她跟领导说了什么，开会时领导直接要我帮她分担工作。

我属于包子性格，平时给人很好说话的感觉，就没敢拒绝领导的要求。其实 A 的工作很少，但她把自己弄得很忙的样子，领导还真信了，而且公开表扬她。

这也太不公平了！为什么我这么努力工作，领导就不重视我呢？朋友看不过去，教我要彪悍点，于是我就没给 A 好脸色，她收敛了些。但是这两天，A 开始打听我的事，来套我的话，不知道又打的什么算盘。

感觉这人防不胜防，自己以后还得吃亏，我该怎么办？

K

K：

你好。

别美化你的对手了。什么叫"会来事儿"？善于察言观色，懂得站在别人的立场为人着想。这样的人跟领导关系好，跟其他同事也能很好地相处。《红楼梦》里的薛宝钗那叫会来事儿，她不流露真情，不过做事周到，让情敌林黛玉都服气，想有个这样的亲姐姐。因为该做的事，她一样都没少做。

你的新同事A不是真的会来事儿。忽悠领导，坑蒙同事，所谓欺上瞒下，说的就是她。把自己的事推给别人做，自己收获领导的掌声，看上去聪明极了。但这就是低级的小聪明，风险很高。职场上，这叫作"光屁股跳河"，意思是大家一起去游泳，还没走到游泳馆，发现了一条河，有个人不管不顾，光着屁股就跳下去了。这人一定会当场成为视觉中心，而且未来半年里，都会成为大家谈论的话题。他会令人目瞪口呆，但不会让正常人羡慕不已。

办公室里，也有这种"光屁股跳河"的人。A在人前装忙，努力加深领导印象；对同事推诿工作，还要邀功。没到游泳馆就脱衣服，没到你死我活的斗争就上大手段，这种做法很高调，但一点儿都不高明。

当然，我理解你的困扰和愤怒。每个埋头做事的人，第一次见到这种人，都是目瞪口呆的。你想的是："这人怎么能这样？"

肯定不会是："真不错，我也想做这种人。""光屁股跳河"的行为，背后有这么几种可能：

（1）这个人的工作能力不行，所以不断用噱头来刷职场存在感（戏精）；

（2）这个人经济情况曾经或现在很紧张，一点点利益都不放过（小偷）；

（3）这个人心理上迫切需要权威的认同，不然就特别不安（优等生）。

"光屁股跳河"的人可能是戏精、小偷或优等生。不过无论什么原因，她这样"跳河"之后，就已经四面树敌了。善妒的人、争夺资源的人，都会对A提高警惕。听见了没有？办公室里有磨刀的声音。

你觉得这个人会来事，你的领导真的喜欢她吗？这句话跟我念三遍："我的领导不是笨蛋，我的领导不是笨蛋，我的领导不是笨蛋。"很好，如果你的领导特别宠信她，那一定会偷偷把她叫到办公室说："我会把你列为培养对象。"这是宠信，是要重用。发一封公开信，当众表扬，荣耀给得足足的，实际好处却没多少。关键是，会有更多人更嫉妒她了。

大多数领导都会这几招：

（1）让下属之间保持合理的嫉妒；

（2）接受可能有点低三下四，但绝对是想要进步的示好与效忠；

（3）用表扬"跳河者"的方式刺激大家，就算不带动大家一起"跳河"，至少也要逼着大家把外套脱掉。

想抢视觉中心和话题中心很简单。有人"光屁股跳河"了，你完全可以冲过去抓住他揍一顿，说一句"我从未见过如此厚颜无耻之人"。可这么一来，你就成了视觉中心、话题中心了。不要去抢这种中心位置，但可以保持必要的存在感。

读书的时候，一考试，老师就知道谁是优秀学生。而职场上，功劳需要主动认领。在这里，我提一个"母鸡策略"：下一个蛋叫一声。这句话是以前长辈嘲笑人做一点事就要让别人知道，潜台词是做事别声张。大事不声张没错，但职场日常也这么干，会很吃亏的。

领导不一定有空了解每一名员工。工作不汇报，谈业绩闪闪躲躲，功劳也不敢认，这些行为是把自己往不重要员工的角色上推。在领导眼里，这样的员工属于信息黑洞："这个人什么都不知道""他可能偷懒没干活儿"。甚至更糟糕的是"这个员工既没能力又偷懒，辞了吧"。低调不是默默无闻，不是贬低自己，不是退让。

我们不会瞎嚷嚷。正确的嚷法我在"职场关系课"里提到过，下属和领导的关系应该像空间站和航天指挥中心，不断地同步信息，告诉领导"我正在工作""我在您的掌握之中"。你和领导的关系最重要，你们团结了，高调的人想抢也抢不走。

领导把别人的工作安排到你头上，该怎么办？替人干活儿憋屈，拒绝的话又得罪领导。我们当然可以大方接下领导的安排，不过接任务的姿态和任务优先级都要有所调整。接下任务时，首先向领导说明自己的工作量，"我最近手上的活儿也很多"。其次表态，你积极应对领导布置的工作，"我想想办法看能不能腾个手来做"。最后认怂，抽空做的事可能不尽如人意，打个预防针，"可能会来不及，我努力赶一赶试试吧"。

优先把自己的工作做好，休息一会儿，有空再做一点儿 A 的事。替人干活儿这件事，我们不用赶时间。只有一种活儿要全力以赴，那就是领导自己想做的事、新项目、新点子。交给你就是对你的信任，做出来就是你的功劳。

好了，这种"光屁股跳河"式的邀功和抢功，算不上攻击，就跟骑自行车别大货车一样。不用费心思去反击她，把自己的事情做好，看她演戏就够了。把注意力放在业务上，放在你和领导的关系上，这才是你最最重要的事。

祝工作顺利！

太行

| 不完美关系 |

40 岁了，要扔掉体制内工作，换城市重新开始吗

聊聊"换个城市重新开始"。

D 同学在体制内工作，想着换个城市，重新开始。

熊老师：

我是个朴实厚道的河北人，在一个被坊间公认"没有新闻的城市"里讨生活。在体制内工作，恶心到一定程度了。40 岁，我该换个城市重新开始吗？

D

D：

你好。

我注意到了你对自己的描绘："朴实厚道的河北人。""朴实厚道"四个字，虽然是好词，但是在体制内这么描述自己，应该是非常不满意自己了吧，也许你会觉得自己不灵巧、不会来事儿，也许你会觉得自己没办法侃侃而谈、讨领导喜欢。

你打算"换个城市重新开始",这我劝你要谨慎。我们在进行大调整的时候,应该问自己4个问题:

(1)我的这个决策能解决我的苦恼吗?

(2)我的这个决策能保证我的人身、经济安全吗?

(3)我的这个决策,能让我的可支配时间和收入增长吗?

(4)我的这个决策,能让我未来5年到10年,有上升空间吗?

第(2)(3)(4)点,就是我在"职场关系课"里提到过的"安全、收益和进步"三个原则。这三个原则是我们一切决策的出发点,要不断回到这三个原则,才能做出理性的决策。但是,无论安全、收益还是进步,在痛苦面前都是次要的。如果一份工作已经让你痛苦不堪,成了你不快乐的根源,那把它换掉就是保命,此时其他原则都可以往后放一放。

好了,我们来看看你的决策,你准备换一个城市发展,那就有4类选择:

(1)体制内的工作;

(2)体制外的、规模比较大的公司(互联网大厂)工作;

(3)小公司(小厂);

| 不完美关系 |

（4）创业、个体户或者自由职业。

如果你厌倦的是机关的会议、公文、值班、连轴转，那即使更换了城市，如果同样还是从事机关工作，那局面并不会有太多的改变。

如果你愿意选择去大厂，就会发现大厂跟机关的生活差不多，只是加班更厉害，收入更高而已，大厂的人际关系甚至还要更紧张一点，因为他们的人员变动多，彼此间也没有像事业单位那么留余地。

大厂很少雇用没有相关经验的40岁女性（男性这个年纪也不好去）——除非他们希望利用你以前的人脉关系，让你跳槽后，继续和你现在的同事维护关系。如果你对自己的评价是朴实厚道，那这类工作应该不是你擅长的。

小公司科层更扁平，说倒就倒、说完就完。第（4）条路风险太高，不建议考虑。好吧，告诉你一个真相——即使你换一个城市，引起你苦恼的一切，可能也并没有什么变化。

换城市的麻烦，我们来数一数：

（1）至少两次房产交易或者租赁；

（2）搬家的成本；

（3）配偶工作和子女的户籍、学校；

（4）人脉和资源的重置。

大多数人到中年之后，抬脚就走变得越来越难，尤其是购置了房产、选择了婚姻之后，孩子的学区要考虑，配偶的工作也要考虑。就算没有结婚、没有孩子，新到一个城市，所有的人际关系可能都要重新开始，工作上的伙伴和客户、身边的同事，都要换一批，这对一个朴实厚道，也就是可能有点内向的人来说，难度有点高。当然，如果你筹划搬去的城市有适合结婚的对象，且已经到了谈婚论嫁的地步，那就是另外一回事了，我们这里先不分析。

大多数换城市成功的案例，背后都有大公司或者机关单位的支持，比如从地方调入中央部委、从中心城市派去某个大区做负责人，这种情况有组织或者公司来提供大部分的成本，甚至帮你解决户口、子女上学等问题，那迁徙成本就会大幅度下降。

还有一种迁徙，是通过攻读学位来实现的，读一个博士学位，毕业的时候可能就有更大的机会留在学校所在的城市，但是这个也要看运气——毕竟这几年想要找到教学和科研的岗位，也是非常难的，博士毕业去中学当老师、从事高校行政工作，都是不错的出路了。

如果这些途径都没有，只是单纯地想去外地换一个工作，那我建议你查查想要去的城市的房租和房价，盘点一下自己的存

| 不完美关系 |

款,估价一下自己现在持有的住房。

如果你是25~30岁,手上持有能维持未来6个月生活的存款,以及一颗对新城市的向往之心,那就可以更换城市;如果你现在是40岁,那最好手上能有维持未来18个月生活的存款和已经确定的工作机会,再做这种变革也不迟。毕竟25岁的人也许还能得到父母的支持,而40岁的人,可能已经要考虑父母的养老问题了。

当然,不是说一定不能去。不过遇到中年想要突进一把的人,我会先拼命擂一通退堂鼓。听了这种退堂鼓之后,还决心认真改变自己的生活,那就是真的想要改变的人了。如果你觉得这些困难都不是问题的话,那就可以放手去搏,毕竟从40岁到60岁,至少还有20年可以大展拳脚。如果觉得这条路太过艰辛的话,其实我们也有一些让自己的生活变得更生动、更有趣的法子。

我们都有一个英雄之梦,希望引人注目、名利双收、拯救世界。小的时候我们可以把超级英雄的衣服穿在身上,青年时期我们可以把超级英雄的梦挂在嘴上,人到中年了,好像提及自己的梦想都觉得羞耻了。

其实我们还有很多事情可以做。有句话叫"既在公门中,必然好修行"。枯燥的会议和文牍工作确实令人生厌,但是如果放弃了追求名利,不那么在乎提升机会的话,其实是有很多有意义的事情可以做的。

举个我家的例子，我爸当年仕途一直不顺，每次提拔的重要关头，一定会有领导出来挡一下——"这次你让×××吧，他年纪大了""这个机会我们酝酿了很久，还是决定给×××"。他有锦绣一般的文字材料功夫，但是一路晋升缓慢。

到了50岁之后，他突然大彻大悟，把副处长的位子腾给了年轻同事，到另外一个处去负责复转军人解困工作了——每天有一大批一大批的人像挂专家号一样等着他，他就给人尽量按照政策来落实工作。这活儿很苦很累，但是他乐在其中。帮助人真的会有成就感，那种充实而圆满的快乐，是金钱换不来的。我爸不到60岁就病逝了，追悼会的时候有好多受过他恩惠的人跑来送他——我觉得他是一个好男人，到死也无愧于心。

我明年40岁，这两年我最大的进步就是明白了一件事：不能什么机会都要，不能什么钱都赚。一个写字儿的人挣不到什么钱，要想挣钱，天天奔着综艺、代言去混，名利双收，再不然卖点天价课程，割点韭菜。我不喜欢，也不擅长，那就安心地陪着大家聊天，偶尔支支招，大家觉得有用，这事就可以继续做下去。"为人民服务"这五个字，不仅仅是口号，其实也是一个人修行的准则。

想来想去，这其实就是你说的"朴实厚道"，其实我们就是有所不为，不愿意做同流合污的事情。成长成这样的人，不是诅咒，而是很大的福气啊！我们这种人怎么幸福呢？我总结了4个"能"。

第一，热闹的任务来了，能摸鱼就摸鱼。工作是做不完的，所以要做取舍，有的工作倾注力量做，有的该敷衍一下就敷衍一下。

第二，实在的工作到了，能帮人就帮人。改变一个人两个人的命运，一个家庭两个家庭的命运不敢说，让自己经办的事情里的人或者企业，都能得到公正的对待，这就是行善积德，这就是好人好事。

第三，兴趣爱好，能有一点儿就有一点儿。空闲时间发展点儿兴趣爱好，听音乐、练乐器。如果还有排解不掉的英雄之梦，那就去读点儿小说、剧本，读多了还可以自己写写玩。我这两年沉迷于"三言二拍"的解读，就是这个思路。读史也可以让人变得更加丰富、更加明智，比如《资治通鉴》《三国志》等。

第四，情感寄托上，能多一个就多一个。训练好家里的小朋友，抓好学习；养个小动物，孩子和宠物都能和我们互相成就。

对抗无趣只有一个办法，那就是让我们自己变得更丰富。海纳百川，容一切无趣之事；壁立千仞，交无数可交之人。中年以丰富为美，中年以充实为乐，我们的快乐可以来自我们的生活、后代抚养和自我成长等诸多领域，而不是简单地被困死在工作上。望之如壮丽山河，满满地写着幸福。

共勉!

              太行

附言：

  你说的恶心，是不是在工作当中遇到了什么别的麻烦？比如同事或者领导的骚扰。如果你是因为这类事情而觉得恶心，那不要换城市逃走。我们可以想想办法，让坏人换个地方蹲着。

| 不完美关系 |

想参加公务员遴选，
怎么跟现在的领导说呢

> 这封来信干脆利落，
> 我们好好说说。

熊师傅：

想参加公务员遴选，怎么跟现在的领导说呢？

X

X：

你好。

问题越短，可聊的越多。这里跟大家解释一下，X 说的遴选，是公务员公开遴选，简单来说，就是上级机关从基层机关里选择品行端正、能力出色的同志到上级机关去工作，这是一个"往上走"的通道。

这个问题的答案，简单来说就是：让领导最先知道；对同事口风要密；展示自己的活力和前途。

先说"让领导最先知道"。想要遴选，必须经过本单位的同意，所以领导那里不必瞒，也不能瞒。领导对你参加遴选一共就是4种态度：

（1）支持你参加遴选；

（2）反对你参加遴选，因为缺不了你；

（3）对你遴选这事无所谓，就是想搅黄了；

（4）无所谓，但是你要尊重他的权威。

第（1）种情况，领导可能会答应得很痛快。第（2）种情况，领导也会拒绝得很痛快，一般会直白地告诉你，这里离不开你。第（3）种和第（4）种情况是我们要防备的。第（3）种情况，那就是领导和你的关系已经"病入膏肓"，这个时候如果还有挽救的可能，就是找更有能量、更有势力的人来请托，求他高抬贵手，放你一马。第（4）种情况其实最多见，遴选不是见不得人的事情，倘若遮遮掩掩，躲躲藏藏，让领导比别的同事后知道，那你可能会让领导觉得你不够尊重他，那就麻烦了。

再说"对同事口风要密"。有了参加遴选的计划之后，口风要密，不要随便去跟同事嚷嚷，尤其是那种拿同事当朋友的人，务必要小心一点。你的备考复习，都要在家里完成，在外一点不露痕迹，严防同事从中作梗。

这里解释两句，有一种很恶劣的行为，叫作攀咬。它的标准句式是："咱们这儿的规矩是×××，但是怎么他就可以不×××呢？"这就是攀咬。攀咬不一定是污蔑，攀咬的人有时候确实说的是实话，但是他们会通过这种对比，给你和其他同事造成各种压力，让你的事情告吹。

要防止攀咬，嘴一定要严。那些跟考试心得、经验相关的东西，都不要随便发在朋友圈，朋友圈是别人寻找你的蛛丝马迹、判断你动向的一个重要风向标，你就算随手转一个动向，都可能会有盯着别人的人来恶意、过分解读。你要是直接发一个自己真实的人生计划，那全单位都知道了，有几个坏人攀咬起来，领导就算想要成全你，都会有麻烦。

第三说说"展示自己的活力与前途"。做到对领导开诚布公和对同事保守秘密之后，要和领导好好谈一谈，这种谈，最好能够避免公对公的环境，比如去一个咖啡店、茶馆，或者直接去领导家的客厅，都是可以的。

不要觉得不好意思，遴选不是背叛领导。遴选和公司里的跳槽有一点像，意味着你要脱离领导的管辖了；但是它又和跳槽不一样，因为你的目的是调往上级机关，这就让你的领导更有可能同意你的计划了——上级机关有一个自己的人，总是好的。

我曾经在"职场关系课"中打过一个比方：下属和领导之间的关系，就应该像空间站和指挥中心一样，你不断地发回各种各样的数据包，让他知道你是安全的、是可控的、是正常的。那么正在计划参加遴选的你，就像是一个即将发射的火星探测器，你可能能够带回领导觉得极其宝贵的数据，如果他缺少一个这样的角色，那他一定会考虑你的。人往高处走，不要担心自己上进会冒犯领导，只要在准备走的时候重申自己对领导的忠诚和感激，那这件事就不算冒犯。

最后给你一个行动预案——如果被挽留怎么办？如果你是这个单位里干活儿最卖力的人，那确实可能被领导挽留，这个时候你可以请领导说说他对你的看法。如果领导手上真的缺人，需要你来帮他，甚至是救他，那你确实走不了，此时不如认真听他的，留下来，等待下次机会。

不要觉得是他挡了你的路、坏了你的事。我经常说一句话，职场上最好的上下级关系就是师徒关系。机关不是典型的职场，但是这个规则在机关是通用的。自古的中国读书人，都有"师生""门生座师""年兄年弟"这样的关系，所以领导如果从未侵害过你的利益，那就是真的需要你，那就平心静气地留下。

一般来说，领导没有立场留你第二次，而且和私有制企业不同，你的提升机会也不是你的领导一个人说了算的，而是多种力量博弈形成的。领导如果能够帮你争取到一些比较好的机会，那这次遴选未成也能给你带来好处，如果他做不到的话，那下一次遴选你再争取，他也就没什么话可说了。

有两种情况比较特殊：一种就是你刚刚拿到了一些领导为了

笼络你而争取到的东西，这个时候要走，领导可能觉得自己被打脸了，他会觉得被冒犯了。还有一种情况，是单位陷入了某种困境，急需你的力量；领导陷入了某种危局，需要你的帮助，这种时候最好是不走。

功高莫过于救主，认真解决了问题再寻找机会，才是最好的办法。总之，遴选这件事，绝对不是"我在这里待得不舒服了要走""这单位快完蛋了我赶紧走"，而是"我趁着单位情况好的时候上去，以后争取更好地配合老领导工作"。抱着这种念头、这种心思去跟领导谈，你会发现自己整个人的精神面貌都是全然不同的。

前面我说到了和领导建立准师徒关系，师徒关系需要有一些私人之间的往来，好多人觉得这种事情特别不好，好像是巴结领导。其实没那么恶心，你真心认同领导的能力，觉得他能教你东西，那你自然就会把他当师父；你办事能力强，又表现出忠诚的态度来，他自然就会视你为弟子。

有了私交之后，你就不仅仅是他棋盘上的一颗棋子了，而是一个活生生的、他会为你考虑的人了。给领导的孩子偶尔买个小礼物；家里没孩子的，给小猫小狗买点小礼物，都是可以的。不过最强大的助力，是嫂子。

男性公务员要想有大前途，最好娶一个大方得体的妻子。机关和事业单位的人际关系相对稳定，一般大家都和对方的家人认识甚至熟识，一些"夫人社交"是有可能的。带着自家媳妇去领导家做客，有位妻子能跟领导家嫂子说说话，偶尔陪着逛逛街，对自家丈夫的前程是有帮助的。

遇见事情不要急、好好说，不造成误会，该说不就说不，但是要留有余地，温和而稳定的人，所有人都喜欢。只要你没有走，要记得，你始终是他的下属，要尊重、要服从。而你参加遴选，也不是为了自己的名利或者高升，只是为了更好地发挥你的力量，为这个国家的进步多做一点事情。所以不要羞耻，也不要回避，大胆地跟他说吧！

祝工作顺利！

太行

附言：

有一些情况，是领导想留你也留不住的。比如你在系统内有更厉害、级别更高的领导是亲戚或者家庭的密友，这种情况下，即使领导想留你，你托这位长者帮你直接向对方求情，是容易成功的。

| 不完美关系 |

一和领导说话，我的心就皱成了一个紧皮瓜，该怎么办

在领导面前精神紧张怎么办？

熊老师：

我想请教您，和公司一把手说话就特别紧张，怎么办？

我 35 岁，是我们公司最年轻的部门经理，也是这位一把手提拔的。但每次跟他说话我就特紧张，心跳加速，说话都不太利索。我也看了好多资料，别人说，你在去找领导谈话之前，先把想说的演练几次，这样就不紧张了。但我就算这么做了，还是会紧张。

和公司管理层的领导说话交流我就没那么紧张，和一把手说话就不行。我不知道这是不是"媚上"？哪怕有的时候不说工作的事，说一些生活中的方方面面，也会让我挺紧张。晚上回家，我还会反复回想跟一把手见面的场景，反思自己说了哪些话，哪些话说得好，哪些话说得不好，然后一直在那儿纠结。

我挺苦恼的。不知道您这儿会不会有什么好的方法。谢谢！

Q

Q 同学：

你好。

你来对了，咱们有独门秘籍，这就是我在"关系攻略"里讲过的"人生导演"法。这个法门讲过之后，好多同学说特别受用，也有同学说，不好懂，那我就用这个例子，来拆解一下。

首先说说 Q 同学你为什么苦恼：

（1）被领导下力提拔，诚惶诚恐；

（2）感激领导对自己的重用，怕行错步、说错话；

（3）因为怕出错而紧张；

（4）因为紧张反而容易出错，因此苦恼。

你不是因为想要讨好领导而畏惧他，你是担心自己做不好，影响领导对你的看法，甚至连累大家对领导的风评。你渴望他认可你、肯定你，渴望成为他的骄傲。我这么清楚，就是因为我也是这样的人。我们这种人也许对名利、外形没有那么苛刻的要求，但是在上进方面，对自己要求很高。我们这种人可能对气焰冲天的人不屑一顾，但是希望让赏识我们、欣赏我们的人肯定和满意，怕让他们失望，可就是这种高要求，才让我们偶尔动作走形。

你在网上搜到的那个先预演几遍的办法是有效果的，它叫作脱敏疗法，对社交恐惧非常有用，比如很多人会因为要公开演讲而紧张，这个时候脱敏疗法就很管用。但是，这不仅仅是打草稿，你可能在实际操作的时候有错误。脱敏疗法让你感受的，是那种大难临头的感觉，这个必须要做全才行。我用你在领导面前述职来举个例子吧：

（1）设想你在领导面前述职，在想象中完美复原那个场地的所有细节，观众是谁、评委是谁，你笨拙地出现在演讲台上，把所有的话都说错了，周围的人哈哈大笑；

（2）细细感受你现在的屈辱、难堪，观察你领导的失望神色，别的管理层对你的领导出言讥讽，让他也非常难堪；

（3）把你自己拉回到现实中来，告诉自己，这些局面都没有发生，而且，即使发生，你也已经体验过一次了；

（4）重复（1）（2）和（3）的环节，让自己再次感受到那种屈辱，然后回到现实当中。

这是脱敏疗法，它不在于彩排这个说话过程，而是要彩排你说错了话之后所承受的那种压力。当你开始习惯"领导的失望"之后，你在现实中就不怕领导失望了。

最可怕的是未知的东西，而不是已知的东西。"领导的失望"

没有场景化，你会觉得特别恐怖，一旦场景化了，这概念就没有那么可怕了。此外，想象你把事情搞砸的局面，也能够让你从一个旁观者的角度去观察领导和你的关系，这让你有了一种"他者"的感觉。

他者感，是防御恐惧、隔绝痛苦的最好铠甲。解释一下这个他者感：一个人遭遇不幸的时候，往往会呼天抢地，我不幸、我好惨、我好可怜；但是如果我们用他者视角去看自己的不幸，那其实和别人的不幸没有什么不同——这家伙男朋友劈腿、这家伙被电信诈骗、这家伙投资失败。

从自己身上分出一个我，分出一个"这家伙"。"我这次做得不错""我今天表现得很好"，好的事情，是我做的；"这家伙今天犯傻了""这家伙今天说错话了"，不好的事情，算在"这家伙"头上。

当你纠结于过后复盘的时候，他者视角是一个很好的技术手段。一旦你能够在职场的争斗中多出一个他者视角，你就可以更好地观察自己，聚焦自己的得失，而不是让自己凭着本能去冲突、去竞争，这样你就会比别人高明。

除了他者的方法，你还可以试着给自己说说戏，讲个故事。太阳底下没有新鲜事，你不是第一个被领导破格重用的人，你的领导也不是第一个提拔年轻干部的领导，你也不是第一个觉得惶恐、不安，对领导有畏惧心理的人，你可以参考的先贤、榜样，

| 不完美关系 |

很多很多。

比如雍正和李卫的君臣关系。雍正这个人，是中国几千年当中很阴鸷酷烈的皇帝，心眼儿多得说不完，跟他做上下级，是真的"伴君如伴虎"。年羹尧既是大舅子又是大将军，下场非常惨，但是雍正有两个臣子，是一直忠于他的，一个是河南总督田文镜，一个是浙江总督李卫。

李卫是个没有太多文化的人，金庸先生笔下《鹿鼎记》里的韦小宝就有李卫的影子。这个人不太认字，但是家里有钱，捐了兵部员外郎。雍正即位之后，破格提拔他，让他当省一级的大员。

嘲笑李卫的人很多。那些进士出身的人很多都瞧不起他，但是这个人有自己的本事，他擅长捕盗，而且特别忠诚。雍正把活儿交给他，他完成得特别好，执行力第一流。江南反清复明的组织，当年就是被李卫一锅端干净的。

李卫和雍正之间的沟通，体统上要多严肃有多严肃，但是私下里跟电视剧中有点像，非常放松。李卫万事不欺瞒雍正，当然也不用在他那里装有学问、优秀，他不需矫饰。

你的领导应该比你高明，所以在他面前扮演优秀没有用。他愿意用你，说明你有优点被他认可，你只要继续发挥你的优点，就能保住自己的位置。这期间如果你愿意提高自己、补上自己的短板，那就更好了。

领导最喜欢的人才，从来也不是十全十美、十相俱足的优等生米老鼠，而是"这小子虽然有缺点，但是对我忠心，而且有过人的特长"，是可能急躁、但胜在赤胆热情的唐老鸭。

明白了吗？把注意力集中在领导的需求上吧。他说一件事，你就把注意力转到那件事上，看看有没有最优解。当你把注意力集中在领导的需求上，你就会成为他最喜欢的那种人——问题解决大师。

不要把注意力集中在自己的表现上，如果你总是希望在领导面前表现得很好，那你就会显得有距离感、不真诚，你就会逐渐拘束，让领导觉得你有点怪怪的。害羞的人都容易太在意自己的表现，我哪句话说错了，哪个动作可以做得更好，总在这里纠结，如何才能在业务上进步呢？

此外，还有一点你可能得更自信一点，领导重用你，而且把你提拔成最年轻的部门经理，那就是对你最大的肯定。你是他的人，他的心腹，他对你的容错率是很高的。雍正是那么冷酷的人，但是在有人弹劾李卫的时候，他护李卫护得最厉害——因为他知道李卫忠诚，李卫想给自己办事。

你就算真的有了失误，只要不是蓄意背叛，他就会选择理解和原谅。至于日常的搭话、工作中的普通沟通，更是放宽心，把他当作师长来对待，客气诚恳，就足够了。有道是"家无常礼"，皇帝和臣子之间也不是每天都三跪九叩的，正常的工作关系，都是要站着说话或者坐着说话的。

李卫是雍正的门人，你是领导的门人，你只要不动踩领导上位的念头，他就会庇护你，重用你。领导要的从来也不是你的完美，而是你的实诚。跟他认认真真说事、老老实实回话，遇见利益不抢，遇到麻烦不瞒，这样的下属，已经超越了职场上95%的人了，你还担心他会因为你一两句话说得不漂亮而对你不满意吗？

祝大家都能和领导融洽相处，被领导信任。

加油！

太行

附言：

如果你不喜欢做李卫，那还有很多别的故事可以讲。

比如试着像周瑜对蒋干那样说自己的处境："大丈夫处世，遇知己之主，外托君臣之义，内结骨肉之恩，言必行，计必从，祸福共之。"周瑜平时吃孙权的俸禄，到需要打仗的时候，他就把命拿出来交给孙权，这就是一个下属顶级的义气，君臣且兄弟。

要报答领导，有的是机会，不用日常感到敬畏，敬畏不是敬，它就是畏。真正的敬，是敬爱，是心平气和，准备以性命交付之，这是君臣、师徒之间的爱和忠诚。

领导给我加了三倍的活儿，还说他想锻炼我，怎么办

> 领导只给派活儿
> 不给支援怎么办？

熊师傅：

能不能讲讲如何拒绝领导的过分要求？

我领导给了我超出三倍的工作量，申请了还不给增派人手，不给预留时间，美其名曰"锻炼一下"。

H

H：

你好。

你领导的真实想法，只有他自己知道，不过我们可以推测一下，这种不给任何资源的"锻炼"，有三种可能：你的领导笨、你的领导也没有资源、你的领导把你当炮灰。

先说第一种可能。正常的领导会全面把握手下的情况——有几个下属，每个人在做什么，每个人的工作量饱和不饱和，谁承

压大，谁可能出成绩，他心里都是有数的。就像奥运代表团出征之前，相关部门领导的案头一定会有一张表，有几个冲金点，哪个有风险，哪些人可能有奖牌。扎实的摸底、统计工作一定要做。

　　有没有什么都不懂的领导？有，凭关系进来的、半路转行的领导确实有。但这几年情况有所不同，许多机关单位的领导都要求有基层的工作经验，就算没干过，也要近距离看过。反倒是一些互联网大厂的某些非要害岗位，有些来路不明、虚张声势的人通过忽悠爬上了领导岗位，其实什么也不懂。你没有提到你公司的情况，一般来说，什么也不懂的领导是小概率事件。

　　再说第二种可能，你的领导也没有资源。你想要的东西，比如说额外的人手，比如说时限，你的领导可能确实没有。这两年因为疫情，全世界的经济都陷入了萧条，我们中国好一点，但有些行业也非常辛苦，各企业不裁人就已经不错了，想要加人，确实非常难。一些人辞职了，他们手上的活儿就被分给了周围的人，所有在职的人，都切实感受到了工作压力——时长、强度都增加了。这是一种新情况，很多人不适应。过去的十几年好多人都习惯了驶顺风船，对这种逆水而上的艰难，都是听说过但没见过。

　　怎么办？要忍耐。领导没有人给你，时限上又没法放宽，看上去好像他一点用都没有对吧，其实不是。你还可以跟他要点什么，比如授权，要求领导允许你放手做事。

讲个故事吧，方便你理解。东汉末年，赤壁之战后，曹操让张辽、乐进和李典驻扎在合肥，防范孙权。孙权梦想割据江南，但自古有个说法，叫作守江必守淮，把防线推进到淮河一带，江南才能安全。所以孙权看着合肥，就是眼中钉肉中刺。

曹操的主力去汉中打张鲁的时候，孙权调集了号称十万的人马（实际大概是五万人），来打合肥。张辽、乐进和李典的部队大概是七千人，虽然有城可以守，但仍然是寡不敌众。张辽要求援军，但曹操正好没有富余的兵力，在这一刻，曹操就得指望张辽来替他分忧、承压了，他事先给了张辽一封信，说是"贼来乃发"。

孙权打来了，张辽打开曹操的信："如果孙权打来，你和李典出战，让乐进来守城。"这封信里的安排一文不值，因为曹操远在汉中，他不了解当时的情况，让乐进一个人守城，万一乐进吃坏了东西，拉肚子死了怎么办？人生是很难预料的。

所以说内容不重要，重要的是，这封信是写给张辽的，这是一封授权信。张辽是荡寇将军，乐进是折冲将军，李典是破虏将军，级别是同一个级别，名号上看，张辽最高，张辽和乐进都是有"假节"权力的，相当于方面军指挥官。但张辽是个降将，李典、乐进都是曹操军的创始元老，张辽和李典的关系一直都不好，一个是豪迈的边塞男儿，一个是老练的山东土豪，互相看对

| 不完美关系 |

方不顺眼。

这封信没有给张辽一兵一卒，但是确定了张辽的指挥官地位，这就够了。张辽也没有让曹操失望，他趁着有一天黎明，带着八百死士出城，偷袭了孙权的营寨。孙权方寸大乱，被张辽杀到天亮，见张辽人少，才调集人马要包围他们，最后被张辽来回冲突，把被困住的战友都救了出来（李典可能也是其中之一）。

这一仗打完，江东人都拿张辽的名字来吓唬哭泣的小孩子，如"再哭张辽来抓你了"。李典和乐进也死心塌地服他，认他是合肥的老大。曹操从汉中回来，听说了张辽的勇猛事迹，就把他拜为征东将军。

领导没有资源、没有支援的困局，可能就是你大显神威的机会。但是要注意：首先，你有一个曹操这样能给你信任和授权的主公；其次，你要有乐进和李典这样懂得服高人、明白事理的同事；最后，你还要有个好身体。职场上不需要刀枪剑戟，但是比拼的是一个长力，三倍的工作量，如果硬扛，身体就垮了。

H，回到你的处境，你的领导在你申请人手、希望得到宽限的时候都说没有。这个时候，他应该给你一些比较充分的授权，比如允许你调配某几个同事，让他们听你的安排。

我们不能奢望领导像曹操那样聪明，所以我们可以提醒一下，比如"我希望由我来负责这个项目，您是否可以给我授权，让我来协调几个同事的工作行吗？"张辽为什么能杀进孙权的箭雨当中，就是因为他知道危险归危险，但功劳一定都是自己的。哪个人不是一肚子苦、两眼睛泪！

愿意把一腔热血拿出来，无非是明白领导识货，看中你的价值！人就这一辈子，不趁着年轻发光发热，更待何时？正式的职务固然需要很多级别批准，但是临时的授权，就是提拔的先兆，未来有机会、有好事，都会从这种负责项目的人当中去选择。你的领导说要"锻炼锻炼"你，其实就有画饼的意思，这个时候趁机跟他要授权，是有机会拿下来的，要把许诺砸实，让他明白一毛不拔是没法得到一个倾力死战的张辽的。

最糟糕的局面，就是你在一个炮灰岗位上。这是一个不受重视的岗位，可能因为工作产生不了效益，可能因为部门不是公司的主流业务，还要放一个人在这里，就是因为上面的种种纠葛，过往的历史原因，让你这个岗还存在。

如果真是这种局面，那就想办法给自己做点减法吧，比如减少一些烦冗的流程。你可以提出一些减少工作量的建议，领导既然没有人手派给你，那一般就不会再拒绝这种提议了。

给自己减负的同时，多瞄着一点，看看能不能内部调岗。如果领导手里还有比较好的业务，瞄准这些岗位，事先跟他打招呼："这岗位很辛苦，但是为了您，我愿意守好，不过万一别的岗位有人离职或者高升，我希望能过去做那一块儿，您看行吗？"

锻炼就是为了负担更重要的工作，对吧。如果领导本身也是炮灰部门的一部分，而且没有什么进取心，那就客客气气，在公司内甚至行业内其他公司寻找机会，让他在你走的时候不为难你、不卡你就是了。

　　记得跟领导沟通的时候和和气气的。他说锻炼你，至少姿态上没有拿你当外人，你也可以在口头上甜言蜜语到极致，把他当师父，当长辈，但是自己心里要有数——上下级之间，一定是各取所需的。你要"白嫖"我的心力，我就要谋划你手中的资源。当你开始筹划着从领导手里获得权力和资源的时候，你就没有那么生气、那么愤怒了。

　　很多人的职场动作是被情绪支配的，如果你能首先超越情绪，把注意力集中在技术细节上，那你一定就是赢家。

　　祝工作顺利。

太行

教你一个佛系修炼法，
可以用在职场关系上

> 在国企工作，同事早退，
> 要不要告他一状？

熊哥：

有个男同事，40多岁了，老油条，上班经常提前溜走（就我得老老实实上班，下班才能走）。他上午来上班，下午就溜了，也没领导管管，也没同事去举报。

我就是看不惯这种人！

虽然我也不会去跟领导打这种小报告，但心里好气，怎么办？

Z

Z：

道理你都懂。比如在你们那种性质的企业，不要去跟别人比，只跟自己比，认真耕耘自己的一亩三分地；不直接和没有利害关系的人发生冲突。这些人的短处，在未来他遇到提升的关键时刻，会有别人来跟他算账的。

你不去打小报告，不树敌，说明你明白怎么做是最佳的策略。你过不去的是什么？是心里那一关。你觉得他早退，好像占了公家的便宜，而你老老实实地坐在办公室到下午六点，所以你觉得自己委屈、亏了。这种念头是难免的，如果你真的很气，那我在这里教你一个巧招，这招有个很文雅的名字，叫作"这孙子要倒霉"。

别小看这个接地气的名字，这个招数是从佛经里借来的，我接下来详细解释一下。佛门修行，有一种技术，叫作不净观。什么叫不净观？看见一个大美女，或者一个大帅哥，爱欲上来了，就赶紧告诉自己，对方不是人，是一副盛着脓血、淋巴结和头皮屑等的臭皮囊。

不净观除了拿来看美女帅哥，也用来看自己，认识到自己是副臭皮囊，是一摊脓血之后，人就没有那么怕死，也就没有那么在乎那些肥甘美腻了。

《天龙八部》里，段誉用过这一招，他沉迷于王语嫣，就对自己说，当思美女，身藏污血，百年之后，化为白骨。但是他的下一个念头，就是觉得王语嫣一定会变成美得不得了的白骨，不净观在他的痴汉脑筋面前毫无用处。

我把不净观这个法门引进了职场，就是"这孙子要倒霉"技术。比如你看见你的男同事早退，觉得愤愤不平，觉得他赚了，他真的赚了吗？不，他没有。

"这孙子要倒霉"。

一个中年男人，早退做什么？要知道中年人面临着更复杂的家庭关系和身体开始老化的压力，很多人都是开车回家，把车停在地库里，听半小时相声拖着不上楼的。

这个人下午三点就跑，为了回家接孩子吗？还是去菜市场买菜回家做饭？我觉得应该都不是，一个逃避工作的人，不太可能满怀热情地投入自己正常的家庭生活。

是跟别的人在约会吧？要不就是得了难以启齿的病。明白了吗？这就是"这孙子要倒霉"技术的核心。对方对你造成了冒犯，那就给对方想一个最极端的解释。

这个我们在街头冲突的时候也用。一辆车闯红灯，贴着我们冲过去，我们被吓了一大跳，于是怒吼一声："你赶着去投胎啊！"这就是给对方的冒犯行为找一个简单的合理化借口。

如果气还没有消，那你还可以继续往下构思许多细节。一般来说，我们男的编派起同性的敌人，是这样的：

"和他好的女人，是个什么样的人呢？肯定是下午不上班的人，那应该是在夜总会工作吧。"

"没工作的人也不上班。对，女的可能没工作，他每个月得给人拿两万，要不就得一万八，那两套回迁房的租金就这么没了。"

"还是不一定,可能也有工作,比如商场里开个小美甲店,三天打鱼两天晒网,一看这家伙去了,卷帘门一拉就跟他跑了。那这家伙还得负担店铺租金呢。"

"这家伙开始早退溜号得有五六年了吧,那他俩应该也好了五六年了,之前女的二十一二,不着急拆他的家,现在二十七八了,结婚压力大了,可能开始逼他了,当年风流快活,现在要狗急跳墙了,难怪他最近的发际线退得这么厉害……"

"这么说有点同情这家伙了,一不留神,估计就要有个人打到单位来,那时候大家都要看热闹了。"

女性编派讨厌的男同事,也许会比较克制:

"这么早就走,应该是有什么大病在身上了吧。"

"其实有病,跟同事们说说,早走一会儿,大家都会理解的呀。"

"哦哦哦,应该是什么难言之隐,不好说的那种病。"

"然后偷偷摸摸要去小诊所看,三甲医院不敢去。"

"我虽然坐在办公室里没走,但比他的处境还是好些的。"

想到这里,你的不服不忿差不多就消弭了,见到他还能有一种笑眯眯的表情——等他"楼塌"的那种愉悦。

我们不会把这些脑内活动说出来,写小说和做白日梦都不是诽谤。这个技术的目的就是让你产生对这个人行径的不屑感,所以你可以尽情地把他想得不堪一点。一个人常年早退,总不可能是为了去河边巡逻，看看有没有少年儿童落水需要施救吧。

再总结一下这个技术的要点：

（1）怎么解恨怎么想；

（2）不要替他辩护或者解释，你就是诬陷他的；

（3）分清想象和现实，别把你想的内容说出来；

（4）如果日后你猜中了，那也不要沾沾自喜地跟别人说。

人生很短，圣人难为。做一个脑内诙谐、嘴巴方正的普通人，我们努努力是能够到的。这种思维活动，其实就是自己和自己相处，自己和自己玩。好玩的念头多了之后，惹你生气的地方就少了。

祝工作顺利！

太行

附言：

大家别觉得"这孙子要倒霉"技术，是我在讽刺、在开玩笑。这个技术没有受害者，是个取悦自己、恢复内心自洽的法宝。

现实中，有些暗中下绊子的人，是会把给别人的行为脑补的东西说出来中伤别人的。看见别人没有男朋友，就给人造谣出各种情节；看见别人旅行结婚没办婚礼，就造谣说人家是二婚，之前有个孩子养在老家，这种人是真的恶毒。

所以，如果我们家里有什么困难，比如老人生病、孩子需要哺乳，需要这一段时间早点走，要小范围和几个同事打个招呼，就是为了防备这类谣诼的出现。

另外，没原因地早退、占公家便宜，其实一点儿也不酷，非常招人恨。成熟的职场人，要尽量避免这种行为，即使再有本事、再有门路，也要尊重普通同事，不要抖威风、摆特殊。不把别人当傻子，别人自然也就拿你当个正常人。

PART I　职场最通透

为什么要留神说话爱念诗的人

怎么在工作中引用诗词，

出口成章？

熊师傅：

在体制内单位上班，想自己多学习点东西，充充电，不知道有没有关于唐诗宋词的书推荐给我，以及学这些东西，对工作到底有没有用呢？

很羡慕那种能在领导面前或者同事面前出口成章的人，怎样变成那种人？

N

N：

你好。

我们就着你的问题，跟大家聊聊诗词在人际交往当中的"魔力"吧。没错，我用了"魔力"，因为诗词这东西，有着非常独特的魅力。

不知道你有没有遇到过这样的同事，他们没有什么独特的见解，甚至对业务的了解都不如你深，你费劲地用朴实无华的话谈了自己的看法，讲的都是纯干货。领导收到了，正在咂摸。他突然如程咬金般半路杀出来，口齿流利地说出两个"金句"，最后还用一句合适的古诗词来结束表达，领导的注意力一下子就被他抓住了："真是咱们部门的才子啊！"

你委屈、郁闷，你回来自己反思，你对自己的中学语文老师心生怨念，又责备自己为什么不趁着年轻，多读一点诗词，丰富一点文化常识，多记一些作家的名人名言。然后你去找诗词类的作品，打算充电，觉得只要自己背下 200 首诗词，就能和对方分庭抗礼，甚至重回上风。

错了。诗词不是用来背诵和炫耀的，如果抱着"赶紧把背来的诗词用上"的态度，那你十之八九会显得酸腐愚昧，看上去是在掉书袋。诗词在日常生活中的主要用法，是最快、最省力地实现说服。因为它本来就是干这个的，咒语是古代的诗词，诗词是今世的咒语。

举个例子：

蜀相

丞相祠堂何处寻，锦官城外柏森森。

映阶碧草自春色，隔叶黄鹂空好音。

三顾频烦天下计，两朝开济老臣心。

出师未捷身先死，长使英雄泪满襟。

寻、森、音、心、襟，这是押韵。中间两联四句，这是对仗。押韵和对仗，就是诗词有魔力的地方。押韵是声音上的整齐，对仗是形式上的美感。有这两样，就可以当咒语用，不一定非要是古诗词。

不信看看《二人转神调》："日落西山黑了天，家家户户上了锁门。大路断了行车辆，小路断了行人难。喜鹊老鸹奔大树，家雀蒲哥奔了房檐。十家上了九家锁，只有一家门没关。扬鞭打鼓请神仙来哎咳哎咳哟啊。"有押韵，有对仗，老百姓是真信唱着这个词儿的"大神"和"二神"的。

本土的如此，外来的也如此。外面传进来的宗教经典，第一件事就是本土韵文化："求你将我放在心上如印记，带在你臂上如戳记。"（《圣经·雅歌》）其实两个字韵脚相同，不过为了上口，无所谓了。

佛经里也有，比如这段是押头的："无受想行识，无眼耳鼻舌身意，无色声香味触法，无眼界，乃至无意识界。无无明，亦无无明尽，乃至无老死，亦无老死尽，无苦集灭道。无智亦无得。"（《心经》）

押韵和对仗互为补充，但是分工不同。押韵是劳动者的最爱。不太认字，或者喜欢听声音的人爱听押韵。过去的军队里、厂矿车间里，好多宣传队来唱快板书，就是在使用押韵的魔力。

对仗是文化人的游戏，因为必须认字，而且要懂典，要懂梗。对仗的受众就是小知识分子，好多热爱传统文化的老年人痴迷对对联，往往对上一个"绝对"就欢呼雀跃。

诗歌既有押韵又有对仗，是可以雅俗共赏的。比如《中国诗词大会》这个节目，其实好多人平时不读诗歌，但是看见那群年轻姑娘小伙子们玩飞花令，就看得着迷，觉得这就是伟大的传统文化，还勒令自己的孩子向他们学习。

因为诗歌占全了两种魔力，有类似催眠的效果，所以大多数人都会被它影响——你可以用诗句来说服人、套路人、影响人，甚至控制人。《功夫皇帝方世玉》里，方世玉的妈妈曾经说，只要方世玉他爸一念诗，她就没法控制自己地激动。诗词用来说服为什么有效率？最大的好处就是它让你沉溺于内容形态的精致和规整，而忽略里面的逻辑关系。

看一段《神雕侠侣》的内容，李莫愁道："师妹，你听我说，我们做女子的，一生最有福气之事，乃是有一个真心的郎君。古人有言道：'易求无价宝，难得有情郎。'做姊姊的命苦，那是不用说了。这少年待你这么好，你实是什么都不欠缺的了。"

无价宝真的易求吗？当然不是。你看《九阴真经》就是无价宝，大家为了这本书，都抢破了头。有情郎难得吗？当然也不是，东邪、西毒、南帝、北丐和王重阳，除了洪七公没爱过女人之外，其余四个都是曾经深爱过别人的痴情种。一个无价宝，四个有情郎和一个要饭的抢。李莫愁说这两句诗，就是为了让小龙女听她的建议，活下来，找到出口，带她出古墓。

再举个例子，林朝英写下："玉女心经，技压全真。"这是战书，是挑衅。但是王重阳非常奸诈，直接给人家加了两句，变成了韵文："重阳一生，不弱于人。"其实人家说的是我的武功比你的厉害，被他这么变成韵文，就转移了话题，失去了逻辑。

还有更荒唐的："武林至尊，宝刀屠龙，号令天下，莫敢不从。倚天不出，谁与争锋。"砸开了倚天剑屠龙刀，也就是一本兵法和一本武功秘籍而已，比九阳神功、乾坤大挪移差远了。这都是韵文变成咒语，把大家都变得不聪明了的证明。

明白了这个道理，我们在职场和生活中，就可以好好利用。别人对我们用诗词、韵文的时候，我们就可以甩开那种感动，认真去探索对方说服里的逻辑通不通。

明白了这个道理，我们在需要讲道理，但是又不占理的时候，就可以试试看是不是可以增加言辞的优美，用押韵、对仗的语句（金句），或者引用合适的诗句，去说服别人、影响别人，从而达到自己的目的。

明白了这个道理，你就会对那些怀才不遇、整天抱怨的人免疫。像李白这样的大诗人，他觉得皇上不用他，太可惜了，其实他这种气质是体内有缪斯驱动之人，根本不适合治理政务。唐玄宗通音律，是戏曲行业的祖宗，他只爱李白的文采，不承认他有做官的能力，对他的判断还是挺准确的。

诗人受到文人和百姓的爱戴，但是帝王恰恰要他们没用。帝王需要的是那种精通业务和道理，善于理财、办事和用兵之人。这些人是以此生为诗，用身体在史书上书写的人，是国家需要的人才。诗人狂放奔逸的情绪，在帝王眼里就是一群牢骚鬼。

这是关于诗歌的秘密，也是关于人性弱点的大秘密，而且不光我们中国人吃这套，英国、法国、美国、日本……全人类都对韵文无法免疫。诗人和作家，就是我们这个时代的"大萨满"；引用诗句在职场上、生活里，想要套路人的素人，就是我们这个时代的"小巫师"。

N，道理讲完了，你可以像你那位"出口成章"的同事一样，用诗歌在领导面前献点小殷勤，也可以继续坚持自己的道路，在业务上前进。认清他的招数就好了，两条路都通，可以自己选。

成年之后要读诗词，选《唐诗三百首》和《唐宋词选释》其实就可以，日常沟通就那么点含诗量，没必要刻意去读诗人的全集。与其花太多力气背诵可能根本用不到的诗歌，不如好好注意一下自己的表达和修辞，增加形式上的美感。

我个人觉得，说话清晰、明快、准确，偶尔加一点修饰，其实就很有感染力，比引用诗词歌赋高级多了。我们要不要读诗歌？要不要写诗？要不要写诗画梦？要不要以此生为诗？你看，这几句话纯粹胡扯，但是有人看了会觉得有点感动呢。

祝工作顺利！

太行

| 不 完 美 关 系 |

觉得下属在针对自己,怎么办

下属的桌子上多了一把斧子……

熊师傅:

我可能就要和人起冲突了。我有个下属以前经常和我对着干,后来我因为工作的事说了她两次,是在有老板的群里说的。现在她老实了,我们井水不犯河水。

但是她弄把木头斧子放在自己桌上,刀刃朝着我们技术部一大帮人,我肯定这是针对我的。我第二次给她把斧头刀刃翻过去朝她,感觉她会有反应。

我是不是心胸不够宽广?忍了她两年多,她觉得我性格软,不把我放在眼里,所以我才不打算忍了。

V

V:

你好。

你说的这个情况叫作"镇魇",也叫"魇胜",是一种迷信的说法。我所懂不多,不过简单说两句,你大概就明白什么意思了。

斧这种东西，号称是上古第一神兵，比天地还要早，盘古要是没那两把斧子，也没有天地之分。古人说斧子可以辟邪，其实斧钺都是刑杀之工具，放在卧室、案头并不好，还有的更俗，就说"斧"通"福"，这都是没文化的表现。还有一点，就是即使用斧子，一般也不用真斧子，而是玉斧形状的手把件儿。

从乐观一点的角度来看，你的下属可能是听了什么人的忽悠，想要转转运，弄了一把斧子放在案头。如果我们料敌从宽的话，觉得对方确实对我们有点敌对的意思，那可能就是希望用斧子"魇胜"一下，压一压你，那就是有恶意的。

别管有没有恶意，她的傻已经是铁板钉钉的事了，我不知道你说的木头斧子，指的是一体桃木的工艺品斧子，还是木柄铁刃的木工斧子。如果是木工斧子摆在案头，那对她自己和同事们都有安全隐患。

你说你的下属可能要找你，要有反应，你很焦虑，那我觉得你就应该主动出击，直接对她提要求。要知道，你是领导，你提要求，下命令，都是再合理不过的事情了。

怎么提要求？不是"你别把斧子对着我！"你这么提要求，她一定会说："没对着你。"也不要问责，比如"你斧子刃对着我什么意思？"她可能会说是朋友送的礼物，没别的意思，那你就问责不下去了。

要从根儿上给她刨了："工位上不要放有安全隐患的东西，刀具、工具、玩具（如果是工艺品）等，都不要放，如果割伤了人，就会有麻烦了，就算没有开刃，领导看了也会觉得太乱，回头要批评我们的。"

用安全生产规章制度、劳动纪律来跟她提要求，她必然是哑口无言。职场上要多讲大道理，用好劳动手册之类的东西，尤其是上级对付下级，公司的种种规定，就是你最好的利器。

我不说你针对我，我的话也不针对你，我谈论的都是事，我用谈论事的方式来克制你、压制你。对付你的下属，一定是这样来做的，战略上可以针对人，但是所有的战术，一定都是对事发言，笑吟吟地就把事情给说了、给办了、给解决了。这就是主动出击，这个策略不仅仅可以用在这把斧头上，还有别的。

你说这个人是你的下属，我不知道你有没有权力决定她的绩效打分，如果有，那才是真正的下属，如果你只是业务上给她派活儿，是部门副头之类的角色，那就只是个干活儿的老大哥老大姐，那不是真正的领导。

不管是真正的部门领导，还是一个普通的组长工头，都要定期跟下属谈谈，这是领导的工作职责之一。我在"职场关系课"里提到过，上下级就应该像指挥部和空间站一样，定期通信，空间站不断回应，指挥部不断发指令。

出事才跟下属聊，一定会有麻烦的。日常每周谈一次话，五六分钟就够,说说对她的期待,肯定一下上个周期的进步,同时也要让她来表决心。这不是耍威风,你如果每周要求她对工作谈感想、表决心,一旦形成习惯,她是不敢直接跟你叫板的。你长期不做这件事,她会忘记你们的上下级关系,所谓"三天不打,上房揭瓦",话糙理不糙。

让她把斧头收起来这件事,要果断坚决,没有商量的余地,但是又要到此为止,不要小题大做。正所谓"见怪不怪,其怪自败",你如果说对方"魇胜"你,那你得证明这一点,你还得到你的领导那里去证明,那一刻你会把你和你的下属拉成平级,成为对立的两方,她是乐得看见这一幕的。轻描淡写地提要求,她就会明白你的格局大,不好对付了。

其实从兵器的角度来说,斧子并不好用,吓人倒是很吓人,但笨拙得很呢!古代真正杀敌效率最高的武器,一是弓箭,二是长枪。它们的效率高,就是因为它们把所有的劲道都集中在了尖头上,能够刺穿人体和甲胄。花荣和林冲是战斗力,而李逵只是一个莽汉,兵器和作战方式是主要原因。

职场上也是如此,你下属要张牙舞爪地拿着斧头吓唬人,你就把主要精力用在尖上和刃上,把业务抓得紧一点,让你的下属忙一点,她就没有那么多的歪心思、歪念头了。

做好领导的角色,真心拿下属当下属,下属才会安心认你这个领导。这不是名利心或者耍威风,而是要带着大家把事情做成。毕竟青春只有一次,人生也只有一次,年轻时浑浑噩噩,以后再后悔,觉得可惜、不甘,那就晚了。

  祝工作顺利!

太行

| PART I 职场最通透 |

别在工位上接打私人电话

公司里最年轻的女性，在工位上接了妈妈的电话，被同事们一通嘲讽，难受了一整天。

熊师傅：

我在单位工位上和我家里人打电话，跟妈妈说话可能没有那么尊重。电话讲完，我的三个同事就跟我说："如果我女儿这样和我说话，我就不认这个女儿了。"

我现在难受到要流泪，我恨我自己为什么在意她们说的话。

O

O：

你好。

接下来的内容，我可能要批评你，忍耐一下。如果我要做一个好的营销号，那就应该说："你让那些人一边去吧，你就是最闪亮的那一颗星。"讨好读者，对作者有利，能加一堆粉丝。但是拆解清楚问题，对你可能是更好的。

首先我们来看看，她们为什么要说那些话。看起来，她们是在评价你对父母不礼貌，其实她们的怨气可能在于你在工位上接打私人电话。没人喜欢办公室里有人打私人电话：领导会觉得你的工作量不饱和，他付你工资，不是让你来做自己的事情的；同事会觉得他们的效率被你影响了。他们都觉得自己是受害者，但更严重的受害者，是这个接打电话的人，也就是你自己。在工位上接打私人电话可能会带来三类问题：暴露、误会和地域厌恶。我们一一拆解一下。

1. 暴露

私人电话里存在着海量的私人信息，在拨打电话的时候，这些消息都可能会在不经意间泄露出来。

"好，我说一下我家地址，你记一下……"

"我的电话号码是……"

"我的开户行……"

"快递你搁在门口那个×××便利店就好了。"

你可能会觉得，这些算什么呢，被同事知道也没什么关系。这是不对的。一点点的蛛丝马迹，会逐渐拼出一个完整的自己，倘若有一个人多听你打几次电话，就会摸清楚你的性格、说话方式、个人生活习惯、上下班的路线。有男同事喜欢你，你看不上，偏偏他还很执着，这些消息落在他耳朵里，你的安全就成了问题。

也不要觉得办公室都是女性就没问题了,有的人会把听来的同事的私事拿来做谈资,分享给更疏远的同事甚至你不认识的人,这些都是不可控的风险。数字、地址,只有有心算计你的人会记下,但是故事情节就属于主动钻进别人脑子里的。如果跟家人通话的内容有完整的情节,那所有人就都不会困了,不听也得听。

"妈,你别让我二姨给我介绍对象了,她介绍的根本不靠谱,又矮又胖,还特别能吃。上次我们去吃日料,他一个人就吃了十几盘刺身,最后我还得跟他AA……"

"我上个月换了四个保姆,她们全都又馋又懒……第一个……第二个……"

"那个施工队根本不靠谱,我上周差点就被他们蒙了,拿低标号水泥就想糊弄过关,砖也铺歪了……我六百万买套房子,八十万装修,难道要人家这么糊弄我?"

呱嗒一下,所有人的耳朵都竖起来了。你跟家人说的情节有一分有趣,那被别人传的时候就是三分有趣,有一分狗血,传出去就是十分狗血。

| 不完美关系 |

2. 误会

听你接打电话的人只能听到你这边说的话，电话对面的人说什么，他们不知道，但是他们可以脑补。电影《手机》里有个名场面，张涵予接了一个几乎没有任何信息的电话，葛优当时就能补全电话那头的对话，描绘出了一个艳情故事。

所以，可别觉得他们只听一半，你的通话内容就算是保密成功了。被补全的故事，只会对你更加不利。切下来的只言片语，没有前言后语上下文，拿来罗织罪名简直最合适不过了。

3. 地域厌恶

有的人说，没关系，我跟家里人说话是加密的，我老家是某某处的，没有人听得懂我家的方言。但这会引来新的麻烦，那就是地域厌恶。有的方言是很讨喜的，比如天津话、东北话和四川话，但是也有的方言和口音，在你所工作的城市可能就是被歧视的对象。人如果被完全听不懂的方言包围，那就更容易对说话的人心生怨恨了。

此外，大多数人说方言时都比说普通话时的嗓门儿大。我有个朋友是陕西人，他只要一说老家话就跟扯着嗓子喊一样。我问了一下，他家真的就住在黄土高坡，他小时候跟伙伴没法小声说话，如果当面说，要走十几里路下山。他一说方言就回到大家一起放羊的状态了。用方言打电话很容易变得特别吵，也很得罪人。

在工位上打私人电话，这是一个坏习惯。这个行为不仅影响别人，而且伤害自己。你在工位上接打一个私人电话，就是把一个不加防备的后背亮给了同事们，如果他们要"背刺"你，这就是最好的机会。

那些人不会跟你说"你打扰到我工作了，请到外面去打电话"，这等于是谴责你没有教养，会得罪你，而且这种谴责又没法对你造成太大的伤害。他们更愿意听你打电话的内容、语气，然后用一个"重罪"来惩办你。你的同事们说你不孝，这就不是生活细节了，而是对你人品的指控，这对你非常不利。

各家的亲子关系不同，有的特别客气，用词文雅礼貌；也有的非常宠溺，显得有点儿没规矩。但是到了那些想要"背刺"你的人眼里，他们可能只会往坏的方向去理解。

想想吧，如果未来有一个提升你的机会，这些人会怎么说呢？"这个人对她妈妈说话都很粗鲁，不孝，一定也没法对公司忠诚"。有些领导很看重这种"私人品质"，觉得不知道对父母感恩的人，未来也不会对提拔自己的领导感恩，他对要不要用你，就要重新掂量掂量了。

工位上不要接打私人电话只是若干劳动纪律当中的一项，我建议每个到新公司的人，都应该好好看一看贵公司的员工手册，尤其是其中的劳动纪律部分。也许你永远都用不到它们，但这些规则，随时都可能被拿出来罚你。

和"工位上不要接打私人电话"类似的规则还有很多。这些成文或者不成文的规则有点像交通灯，你觉得它们是束缚吗？不，其实更是保护，研究好这些规则，就等于保护好了自己的软肋，也更容易发现对手的弱点。

再提醒你一句：你比所有同事都年轻，也比她们长得好，那你很可能成为这个办公室里最要承受敌意的人。要好好收起锋芒，活得小心翼翼，这份工作既然没有自由发挥的余地，那么你注定要忍耐。可以把自己内心深处的丰富放在兴趣爱好上，不要在你那个偏保守的工作岗位上挥洒个性。

祝工作顺利！

太行

PART Ⅱ
婚恋
全指南

相亲是相亲，
谈恋爱是谈恋爱，望周知

> 相亲对象给自己
> 造成了不舒服、不愉快。

熊师傅：

相亲对象认识六天就让介绍人给双方父母组饭局，无法拒绝就去了。第七天要上门，我拒绝了。一个月的时候，看我没回复说不合适，就要送手机，被我拒绝了。实在是越接触越发现完全不知道对方想什么。没有接受过他的礼物，一起吃饭也是会互相给对方钱的。

我们是同城的，都在外地工作，有一次在我不知情的情况下，他带我去见了他的朋友，一直调侃说我是他的女朋友。还有更奇怪的，他见过了我素颜和化妆后的样子，也就是体重、身高、样貌都了解了，为什么还一定要我发照片，我问他，他也回答不出来。

虽然没成，就是很不理解这些行为，希望熊师傅可以从关系攻略的角度帮我解答一下。

S

S：

你好。

能理解你的苦恼，小心翼翼，特别真实。很多女性在相亲的时候，都会遇到类似的尴尬。中国式的相亲，其实就是青年男女在长辈监督之下进行的恋爱前的接触。相亲本身还不是谈恋爱。所以，相亲对象不是你的男朋友，你当然也不是他的女朋友。他刻意地说你是他的"女朋友"，就是希望含糊这个界限，造成一个既定事实。

这样的男性，除非个别比较幼稚，真的分不清相亲和谈恋爱，否则大多都居心叵测。为什么他们这么干？因为中国式的相亲，总体舆论有益于男方，只要厚着脸皮，用一些手段，可能就能拿下一些比自己更优秀的女性。这些手段里，常见的包括以下几种。

1. 不当的亲密接触

和那种私下的约会不同，有介绍人的相亲，大家的目的就是交友和结婚，尤其是结婚，所以男性即使做得稍微过分一点，女性也不会把他怎么样。

曾经有朋友跟我说，女方觉得男方太不老实，第二次见面手就往女生腿上摸，让人不舒服，回家跟自己亲妈抱怨，妈妈的说法是："他是男孩子，就要主动一点啊。"

如果不愿意、不舒服，说了还不改的，那就可以不再见面了。这不是主动的问题，这是尊重的问题，今天不尊重相亲对象，明天也不会在乎妻子的感受。

2. 舆论胁迫

尽快拉进更多的亲戚来加速确定关系。相亲怎么相？各地的风俗不同，一般来说，越是不发达地区，相亲的时候越容易请亲友团围观。这些亲友团可以对对方品头论足，除了给对方以心理压力，还可以在嫁妆和彩礼上杀价。

而且这种大规模亲友聚会的意义可以做多种解释。条件好的一方往往会认为"就是吃了顿饭"，而条件不够好的一方就会把它看作"定了"。这种解读不同带来的麻烦还有好多，比如没有太多经验的年轻人可能会被稀里糊涂地拖进恋爱关系，最后跟自己不喜欢的人在一起了。

S，你的相亲对象带你去见他的朋友，其实就是一种舆论胁迫的策略，对身边的人介绍你是他的女朋友，让你逐渐地接受

"我们在交往了"这样的信息。早年间的部队、厂矿里有这种情况，家里给儿子说了个对象，儿子请不下假，就让姑娘跟着长辈一起来儿子这边见见。姑娘一到，同志们一起叫嫂子、叫弟妹，这事就更容易成。这招数算是比较老旧的套路了，你在省会以上的城市里都比较难遇到，所以才会觉得奇怪。

3. 下聘礼

你的相亲对象要送你手机，其实也是尽快敲定关系的意思。送贵重物品，比如高档手机、很贵的包、金饰品，都是有含义的，如果只是相亲阶段，一定不能随便收，别觉得日后可以还，这些东西收了就会有麻烦。

贵重物品在今天有"准聘礼"的意思。在一些县城，收礼意味着订婚——一旦女方收礼，那婚事就成了板上钉钉、不容反悔的事了。你遵循了一个相亲对象的分寸感，不收礼、坚持吃饭分开结账，这就是不愿意随随便便走入恋爱关系的意思。但是在男方和他家长辈眼中，你们已经"谈上了"。男方长辈往往还有些迷之自信，他们认为感情是一直在增进的。只要没说不愿意，就是一直在谈，谈了多久，就说明爱了多久。一个月应该就算确定关系了，三个月就可以订婚，半年就可以结婚。

他们不承认关系可能会有停滞甚至倒退，他们认为你拒绝他们家孩子前的每一天，关系都在加深。所以，最好的办法就是在对方让你觉得不舒服的时候，就立刻告诉介绍人不再见面，免得羁绊加深，多费口舌。

最后说说照片的问题。相亲一定都会交换照片，不过要注意以下几点。

1. 用已经公开的照片

你在朋友圈里发过的照片，日后倘若相亲对象吹牛，说这是你给他的定情信物什么的，可以用朋友圈状态的时间来打他脸。

2. 不私密、不暧昧

用你在公开场合的照片，比如在学校、景点、饭店拍的照片，不用私密的照片，防止对方用你的照片来编故事。在卧室、浴室或睡衣造型的照片都不要给。

3. 不发自拍

相亲对象有的时候会说："我想看看你，自拍一个给我看。"不要给，无论是相亲对象还是男朋友，都不要发裸露身体的照片给对方，更不要拍两个人亲密时候的照片和视频。

心软的时候，念念下面两句话："江湖险恶""防人之心不可无"。

夫妻、情侣反目之后，为报复对方而各种造谣的事情都太多了，何况只是相亲对象呢，像陌生人一样去防备他就对了。你问我为什么你的相亲对象见了你本人，却还坚持要你的照片，我得说我不知道，我没法猜到他为什么这么做。但是我可以告诉你，如果有了一个姑娘的多张生活照，坏人可以做些什么。

跟损友们炫耀。注意，你的生活照就此流出了。二次创作的人不认识你，是不会有任何忌惮的。

传到虎扑之类的论坛上去炫耀、去求鉴定。"大家看看这个姑娘怎么样，够8分吗？"

夜深人静的时候，对着姑娘的照片做些猥琐的事情。

这些最多是恶心，还有的可能会涉嫌违法犯罪。普通人的生活照可能被诈骗犯滥用，让抠脚大汉们假装女生行骗。还有更坏的，之前重庆警方抓住了一个贩卖高校女厕所偷拍视频的坏小子，才16岁，已经被刑拘了。这家伙本人不偷拍厕所，而是从境外网站上购买和下载了这类变态视频之后，才去校园里偷拍正常走路的女生的。他说那些他买来的视频是这些姑娘的，可以包装成新视频卖出去。

生活照倘若流入这样的坏人手里，细思极恐。之前有朋友给我留言说:"熊师傅,要不你发相亲帖吧,让读者互相认识一下,也许能成呢。"我不做这种事,除了担心约会性骚扰之外,也担心照片流出风险。我不能空口说一句见面有风险,你们自己谨慎。就算能免责,真出了事我心里也过意不去。

我本身是不建议大家在社交媒体上发太多自己的照片的,尤其是女性,你根本不知道有些人能坏成什么样子。所以我觉得S你做得很好,你感觉到了不舒服,就切断了联系,这是对的。体面的相亲对象,是能够尊重你、爱护你、考虑你的感受的。既然要用相亲的方式来找一个人步入婚姻,那就多见见人、多看看人,密度大一点,这是今生见人识人的好机会,不要捏着鼻子凑合。那种上来就把相亲和恋爱混为一谈,见两次面就以男朋友自居的人——不见也罢!

祝工作顺利!

太行

| 不完美关系 |

相三次亲都喜欢不起来的女孩，还要追吗

一封男性读者关于相亲的来信。
女生对男生说"你要主动一点"到底是什么意思？
为什么热心大哥的浪漫建议完全是错的？

熊师傅：

您好，七夕节那天，我跟相亲对象闹掰了，想请您帮忙分析一下，看是否还有挽回的必要，以及这种关系该怎么处。

本人男，身在北京，年龄35岁以上，职业是程序员；对方31岁，身在上海，是做人事工作的。我俩都来自安徽西北的一个县城，经共同的亲戚（我的表嫂、她的堂姐）介绍认识，我们之前相处过两次，都以失败而告终，这是第三次。

第一次相处是3年前，先在微信上聊了一阵，感觉还可以。那年十一假期我去上海见了她一面（介绍人也在），后来继续保持联系。过年前对方提议双方家长及介绍人一起坐一下，见完后无话。当晚二哥及表嫂建议去KTV玩，她也去了，但中途就借故离场了。那天见面比较仓促，我们都没来得及准备。当时在对

方家里见的面，来了 20 多人，我们家去了 4 个人，她家里人嫌我长相显老，嫌我父母穿衣服土气（我父母都是农民，不是很讲究穿着）。后来介绍人无意中说漏了嘴，其实那两天她还见了另外一个相亲对象，她家人认为那个更好。

第二次相处，是时隔一年之后，还是那个介绍人撮合我们，聊了 3 个多月。当年元旦，我从北京飞过去找她玩，到了后感觉她颇为冷淡，还没有一个普通朋友热情。我在上海待了 3 天，就在一起吃了两三次饭，一起出去玩了一上午。回北京后大概过了一周，我们谁都没有联系谁。而后她提出不处了，我表示同意。这中间有过争吵，起因是我送她的礼物，她要么嫌太便宜，要么嫌颜色不好看。

第三次是在我的上一段关系结束后，那个亲戚知道了，又好心撮合我们再试试。我内心是抗拒的，但架不住年迈的父母及亲友的催婚，也只能答应了。犹豫了半个月，我在 2021 年 7 月 24 日那天鼓足勇气跟她联系了。电话里她说处了那么多相亲对象，还是跟我聊得来，之前自己小不懂事，现在可以再处处。

但接下来我发现我们很难聊起来，找不到共同话题。她比较宅，业余时间基本在家刷剧，不旅游，也不爱运动，貌似也不看书，而且我感觉她说话还是有点偏消极的。我们交流以微信为主，我很少给她打电话。为此她还专门打电话批评了我一次，说我不主动之类的。

七夕前，我想着趁着节日拉近一下关系，于是在网上订了33支玫瑰，于七夕前一晚递送到她的公寓（她那天休息，且我不知道她公司地址），她收到后说是很开心，然后又顺口问了句明天（七夕）还有没有礼物。

我当时确实没准备，因为礼物确实不知道选啥。我找一个老哥商量，他说单纯发个520元的红包也行，不过没啥新意，不如发一长串五块二的红包，然后加上几句话，如"生活不就是点点滴滴，希望跟你接下来的日子每一天都是节日"之类，这样显得有情调点。我觉得不错，采纳了这种方案。

于是七夕那天上午，我就连发了二十多个五块二的红包。结果她收完红包后直接发火了，噼里啪啦地发来了下面这些话：

"哥你发这么多不嫌累吗，是认真的吗？是不是小数点应该再往前移两位啊？"

"买卖不成仁义在啊，大可不必用这种方式逗我玩啊，你真的是认真的吗？"

"这个哑巴亏我也不想吃啊，我也从来没受过这种委屈，有可能是我不配吧！"

我解释了下，说就是想节日搞个气氛，她还是不接受，把红包金额加起来以及买花的钱都转过来了，我没收。然后她就说，难道她就配这些五块二吗……最后说我和她不合适。

为了把经过写得详细点，写的有些长，熊师傅辛苦了！

C

C：

你好。

先说结论。别处了，这个女孩不喜欢你，也不值得你用很多力气去爱。你们不在一起，对她、对你都是好事，尤其是对你，因为这女孩是个不合适的相亲对象。

先说条件，看起来两个人年纪比较合适，差四五岁，但是接下来的问题其实就决定了你们的不可能——物理距离。虽然老家在同一个县城，但是你在北京，她在上海，未来是你过去，还是她过来？安徽西北部的县城不太需要程序员，也不太需要人事，你们两个都不是能回到老家工作的人。

我在"关系攻略"里提到过异地恋的难度，如果真的是早早爱上了，本地恋变成了异地恋，那就应当试着克服困难在一起。现在是相亲，相亲和随性的恋爱相比，最重要的一点就是它的选择和淘汰都是前置的，觉得不靠谱，就可以不开始，这能够省下我们的时间、金钱和精力。

已经都相亲了，干吗还相个异地恋的呢？如果真的成了会非常麻烦，如果她坚持要你去上海工作，超过 35 岁的程序员换城市并不容易；如果她要去北京的话，也许没法找到合适的工作，

| 不完美关系 |

就算是你的收入还不错，但养一个全职主妇也是很辛苦的。

介绍人是你的表嫂，表嫂是亲戚，没错，但是表嫂是疏远的姻亲；表嫂也是对方的堂姐，堂姐是更亲近的关系——你的介绍人更在乎、更介意女方的利益。

你的条件在县城里是相当不错的，这就是你表嫂极力撮合你和这个姑娘以及她在第三次开始相处的时候甚至愿意"认错"的原因。换句话说，表嫂为了给这姑娘的父母一个交代，连续三次把一个不合适的相亲对象推给你，而你因为抹不开面子，前后和她试着相处了三次，这个过程非常痛苦——坐飞机去约会、被冷淡对待、没话可聊、买礼物被嫌弃。

这其中还有特别赤裸裸的歧视，比如她家对你父母的那种轻蔑态度——未来如果真成了一家人，这种关系是非常难处的。理想的状态，就应该在见第一次面之后回绝掉，这就是快速止损。拒绝这种相亲对象可以把话说明白一点："表嫂，别给我介绍上海的了，有北京的再说吧。"

拒绝人要找那个她没法改变的点，如果介绍人说"她可以去北京"，你就说"那就等她在北京找到工作，稳定下来，我们再谈吧"，这样介绍人就不会再坚持了。

不要害怕失去一个相亲对象，天底下最不缺的就是相亲对象。我们缺的是闲暇时间和合适的相亲对象，对不合适的，不要投入太多时间。把时间用来多见几个更有可能性的人会更好，坐飞机相亲这种事，以后就不要做了。

对了，拒绝不合适的相亲对象，不要指望你的父母，要自己站出来说。如你所说，你的父母并不了解你们的相处细节，他们不会出来替你回绝掉相亲的提议，你如果自己不站出来，那就会不断地被拖进不合适的相亲当中去。

然后我给你说说"你对我太不主动了"是什么意思。她已经和你相处过两次了，还愿意和你再试着谈一次，就是因为觉得你的硬件条件确实不错，为此她甚至道了歉。你说是你鼓起勇气主动联系了她，其实不是这样的，是你的表嫂、她的堂姐在主动拉你进来，这样就是她家更急着促成这件事。

但是接下来就不同了，你说她打电话批评了你一次，嫌你聊微信多、打电话少，让你主动点。有的人就是不喜欢打电话，我也是，相信和你我一样的人还有不少，和最亲近的人可以打电话，和不够熟的人打电话，就纠结痛苦得要死，微信的文字消息保护了我们这样的人，让我们可以正常工作、生活和学习。

我觉得这姑娘知道你的性格，也知道你是一个没法太主动，没法在电话里妙语连珠的人，但她还对你说要你"主动点"，这批评包含着她不太现实的期待。介绍人可以说男生主动点，鼓励你多接触；但女方说"你主动点"，潜台词就是"我不想主动"。

她家这么热衷于第三次把你拉进相亲，她觉得自己已经努力过了，于是就希望你在相处中更加主动。你好像在相处，其实是

| 不完美关系 |

在排斥——大多数时候，不主动根本就不是觉得害羞，而是不够喜欢，没有主动的动力。你看，前期拒绝永远都是最优选择，被拖入不合适的相亲之后，非常折磨人，而且久了会怀疑自己的魅力和能力，男人和女人都是如此。

然后我给你说说，热心大哥的浪漫建议错在哪里了。我没有看到姑娘送过你什么礼物，正常的男女朋友交往，应该是互相赠礼物的，"投之以木桃，报之以琼瑶"。男生送女生的礼物可能会贵一点，但这不是价格的事，而是喜欢对方，希望对方喜欢自己的礼物，大家分享的其实是发自内心的喜悦。

单纯反复地要礼物的女孩子，要谨慎提防，这种人不是过日子的人。以后记得第一次联系相亲对象要躲开七夕，过了之后再联系，不然才联系了几天的人，要不要送礼？不好决定。她不断地说你的礼物太便宜、不好看，这是不得体的，再考虑到她家人觉得你父母衣着太土的事，我觉得你们根本就是两条道上跑的车，真被这样的人拉进婚姻，你的噩梦会从此开始。

如果你送的东西女生不喜欢，那可能不是你买的东西不好，而是你们的关系没到位。比如真正的男女朋友之间，对方缺什么、需要什么，大家是有沟通、有交流的。给关系未定的约会对象送礼，容易踏坑踩雷，男方往往会奔向两种风格。

第一种是贵，顶配的新款苹果手机，流行的电器，或者高级香水、包、小跑车，用钱硬砸，喜欢不喜欢的，反正让对方看了价目哑口无言；第二种风格是奇幻，用一些比较离奇的礼物来达到合适的效果，网上好多所谓"创意礼品"就是这类的。

前一种实在不能持久，后一种极其容易翻车。注意，给你出主意的热心大哥，他的主意就是奇幻礼物的变种，让你连着发一大堆五块二的红包，然后用一句强词夺理的土味情话圆回来。

曾经有人给喜欢的姑娘送了一袋子园林局给大树用的点滴液，说"生活不就是点点滴滴，而我想做你的大树，这是我送给你的大树点滴液"，这其实是喜剧技术。举个例子，有些蹩脚的脱口秀演员说这样的台词："二楼的观众朋友们你们好，买楼上这么便宜的票，你们应该都很穷吧！"大家一片哗然，"这么穷还来支持我，你们对我是真爱！衣食父母，谢谢你们！"先冒犯，然后安抚，最后制造喜感，遗憾的是，大多数人在前面冒犯的过程中，就已经被愤怒的听众打翻在地了……

如果你和对方已经情深意笃，那发一大串小红包和女朋友逗一逗是可以的。而你们的关系本来就没有确定，热心大哥的这种不恰当的浪漫提议，直接就终结了这段关系。所以你问我还要不要追她回来，那你可以先问自己两个问题：

（1）这次追回来，下次怎么办？
（2）不喜欢的人，追回来做什么？

我要是你，就请热心大哥吃顿饭，他的馊主意其实给了你和她一个机会，一个从一段都不幸福、都不舒服的关系里走出来的机会。但是，以后再也不要找热心大哥求主意了，你可以试着快点去找合适的人，守好自己的钱。钱挣得再多，也不是给惦记着钱的人花的，而是给惦记着你的人花的。另外，不要和同一个人相处第四次了……

祝工作顺利！

太行

女友又和别的男性单独看电影了，怎么办呢

> 已经有了恋人的人，
> 应该和其他异性出去看电影吗？
> 小事情，大问题，一起看看。

熊老师：

您好。

我早上和女朋友约好下班去她那边理发，之后去逛街。女朋友的异性朋友当天也约她逛街，她就让我别过去了，我当时还不知道她是和异性朋友约了。晚上我发视频她不接，后来她发微信说在和朋友逛街，再后来我又发视频她还是不接。

该如何处理女朋友和所谓异性朋友单独看电影、逛街这样的事情？有什么妙招没有？已经因为这事吵过两次了。

R

| 不完美关系 |

R：

你好。

建议分手。我一直有一种看法，就是看似没有主意，来求助于某个人的人，往往已经有了倾向，他希望找的，就是支持。你来找我相问，其实已经下了分手的决心了，但还是有点底气不足。也罢，那我就在劝你分手之余讲清楚，为什么要劝你分手。

男女朋友，既是朋友关系，又是男女关系。金庸先生在《笑傲江湖》中，曾经借着令狐冲之口说过男女朋友和朋友的区别。令狐冲说，如果是陆大有因为自己而死，他会好好赡养陆大有的家人，每年去坟上祭拜；如果是岳灵珊死了，他自己就不想活了，这就是区别。

爱情是排他的。所以一个人最好在一段时间中只经营一段亲密关系，不然就会饱受折磨。我们会把爱人放在同辈当中最重要的位置，如果一旦有人可以和爱人并列，那爱情也就可以宣告破裂、宣告结束了。

现在看来，你的女朋友至少在这件事上，认为你和她的异性朋友地位相当，没有高下之分，或者觉得你们非常亲近，你应该也可以为别人让路，你和她的约会应该为她和别人的约会牺牲。

我知道有些人会有一种开放式的恋爱关系，比如大家都可以有自己的异性朋友，都可以和对方单独出去，至于出去做什么全凭自觉，我不问，你不说。但这种关系，只有在双方都认可、双方都愿意的情况下才能成立，而且在今天的中国社会，这也是一种不被主流价值观接受的关系。

而你根本就不能接受她和异性朋友单独出去，那你就要明确地告诉她："你这样做是不对的，你已经让我很伤心了。"如果对方明确知道你的态度，还偷偷跟异性朋友出去约会，那就最好分手，因为她没有那么在乎你的感受。

对了，她一定会说类似这样的话吧："你怎么这么小心眼儿？""男人要有胸怀。""阳光一点，心里别那么阴暗。""你这是不信任我。""你想多了。"这种话能"将死"很多男人。其实无论男人还是女人，听见恋人说这种话都会生气，因为我们从小受的就是这种教育：我们应该更包容，我们应该更有度量、胸怀，不要疑神疑鬼。但如果逼迫自己大度，你只会去恨她，最终破坏的就是你们两个人的关系。

干吗要用道德上的高要求去折磨自己，让自己接受一种忍受不了的尺度？让她去嘲笑你老土、没胸怀、疑神疑鬼、小心眼儿吧，从这段关系里抽身，不再有各种各样的损耗。我们既不是完人，也不是圣人，我们就是不能容忍我们的爱人和异性单独出去逛街看电影。

不要因为图大度的虚名，让自己痛苦。愿意为了异性朋友而伤害自己恋人的人，孰重孰轻都分不清楚，不继续相处也罢——锅里炖着肉不吃，上街买什么豆腐啊！

你问我有没有什么好办法，我告诉你——没有，你和她的价值观有差异，她也没有那么爱你和在乎你。你想要找一个巧招让对方为你而改变，这几乎没有可能，但是未来找一个更尊重你、爱你、在乎你的女孩子来交往，一定是可以的。

最后再说一句，什么样的人，会和有男朋友的女孩子做一对一单约的异性朋友啊？想图人家的身体或者精神上的温柔，又不肯付出维护长期关系的努力，这种人嘛——不是好人。让傻子问问坏人愿意不愿意他俩在一起吧。健全人应该找一个健全人，温柔相待。

祝工作顺利！

太行

附言：

如果对方特别美，你觉得什么都可以不在乎，那前面的话都可以不考虑，因为绝美之人而动作变形，这并不丢人，只是未来要很辛苦很辛苦就是了。

最好的男友，
从来不是傻花钱的签单机器

> 和女朋友恋爱快两年了，越来越害怕过节，
> 送不出惊喜的礼物了，怎么办？

熊师傅：

您好。

有一个问题让我很困扰。我和女朋友恋爱快两年了，我是越来越害怕过节。要过的节实在太多了：元旦、春节、情人节、"5·20"、七夕、圣诞，加上生日、交往纪念日，等结了婚又有结婚纪念日，这还不算白色情人节、双十一等。

我不想啥节日都掺和，精心准备一份礼物是很花时间和精力的，想要送一份让她惊喜的礼物也越来越难。不认真准备又不行，毕竟女朋友肯定有所期待。可一年从头到尾这么轮下来，内耗好大，过节成了一种负担。我该怎么办？

C：

你好。

有的人就是如此，永远活得学生一般，一生都在接受考验，渴望当个好孩子，获得权威的肯定。没有权威的时候，他会找个男女朋友，本来应该是平等相待的爱人，却就此成为自己的男神女神。

你希望成为一个优秀的男性，疼爱女友，能够哄她开心。这是一个很积极的愿望，很多人也都有。但是如果苛刻地对待自己，要求每次都有惊喜，那人生的路肯定会越走越窄。

问自己三件事："每个节日必须送礼物"是你俩的共识吗？"每个礼物都必须让她惊喜"是她的要求吗？"每次的惊喜都必须比上一次大"是她的要求吗？

如果我没猜错，这三个都是你赋予自己的枷锁，而不是她对你的苛求。这样严于律己的人，即使换一个女朋友，也会主动变成这个样子的。为难男人的不是女人，而是男人自己。

大多数普通人都允许自己偶尔偷个懒、敷衍一次，可在你这里好像就坚决不可以，每次都必须得和上次一样，一直保持在高标准的状态。这种苛求，才是你不断内耗的关键。就像一个小学生，考了90分还不够，还要追求95分，考了95分，就追求98分或者100分。等上了大学才发现了一个新天地，即使你是苛求自己的人，每门课考90分也已经够用了，对自己要求低一点的人，60 分也能让自己过得很舒服。

成年人不要像小学生一样活着，像大学生一样活着就够了。为什么会活得像个小学生？你的心中可能有一个模范男友，向这位心中的模范看齐，就会越来越累。有的人心中的模范是父亲，有的人可能是某个文学形象甚至影视剧的男主角。

有时候女朋友也会给你树立一个榜样，比如"我闺密的男朋友""那谁谁的老公"，就跟小学老师说"你们是我教的最差的一届"一样，别太当真。你不是那些形象，而那些形象，可能只是一两次做得好，甚至可能在其他方面有严重的缺陷。比如有些女性回避丈夫的酗酒、赌博、打人，却在收到礼物的时候赶紧发一个朋友圈——不给自己打打气，怎么凑合着过下去呢？

跑 3000 米的时候，一定有那样猛猪式的跑者，前三圈猛冲猛打，后半程就没劲儿了，如果你铆着他来跑，也会很快打乱自己的既有节奏。

我把最适合你的那个节奏称为"舒适节奏"。送礼也需要舒适的节奏，不要去揣测对方的心思，主动跟女朋友商量就好了："以后我在情人节、你生日和圣诞节送你礼物吧。"这就是一个规划。你也可以挑选其他节日，但是注意不要太近，太近了信用卡受不了。一年三次精心挑选的礼物，比一年十次不走心的礼物要好很多。

此外，平等的恋爱里，女方往往也会回赠一些礼物给男友。

比如白色情人节（3月14日）在欧美和日本都是情人节回礼的节日，但是在中国被许多无良商家变成了"情人节过满月"，生生成了双十一之后的双十二。

真正让人觉得不适的，是被逼迫执行多个送礼任务，而这些任务又毫无成就感。带有被迫色彩的行为与其说是表达爱意，不如说更像是在表达效忠，如果你不小心忘了一个节日，那在对方看来很可能就是摆明了要"造反"。这类"应该""必须"的规则，在一定程度上消解了心意的表达，使得一般程度的用心很难被对方感知到。

主动送礼在这方面有天然的优势，少有过错，却常有功劳，因为它是发自内心的真情流露。不年不节的，也可以送一些伴手礼；遇到什么好东西，给自己的恋人留一份，其实就特别好。《红楼梦》里的贾宝玉遇见什么雅致东西，就想着他的林妹妹；遇见什么好吃的，就想着他房里的丫鬟们。日常小惊喜多一点，她也很难在某个你根本想不到的节日大闹一场。

收礼物的人找不到规则和规律可循，每一次都是惊喜，总结一下给你的建议。

1. 别当模范，聪明偷懒

礼物不是要越来越贵的，也不是要越来越别出心裁的。有些节日，一起出游，看一场好电影，吃一顿好吃的，都可以替代礼物。

2. 你来选择节日的主场

不是非要买包、买首饰。有的节日可以给对方的父母花钱，过年前父亲的酒、母亲的维生素，都可以送。如果女朋友有个关系极好、心肝儿一样的弟弟或者妹妹，也可以给他们送礼物。

3. 兴趣广泛的女友和只爱钱的女友都不错

女友兴趣爱好多，你就可以送点类似的礼物。比如女孩爱跑步、爱跳舞，那就去请教她想要什么，然后送相关的东西。给爱画画的女友买画笔、颜料、画册等都可以。

什么爱好也没有的女友也很好，比如有的女孩就喜欢包，或者干脆就喜欢钱，那认真去挣钱就好了。雅或者俗的人都可以共度一生，最可怕的是没准脾气、恩威难测的人。

4. 几个禁区

别送口红。除非是女朋友指定款式。

别送衣服。你送的大了、小了，都会被怀疑是对女友的身材不满意，甚至被怀疑这是别的女孩不要的礼物。如果你买的衣服刚刚好，那多疑的女孩会觉得"这一定是个老司机，抱了两次就连尺寸都摸准了！"

别送娃娃或者玩具熊。除非她有兴趣，而你买的又是藏品级别的。这是中学生的礼物，因为价格不贵，一两百就能买一个一人高的大家伙。送给成年女性，有冒犯对方的嫌疑，如果对方是租房子住，那可能连摆这种娃娃的地方都成问题。

谁也不是土豪，都是老百姓家的孩子，为礼物精打细算并不丢人，千万别有什么负罪感。日常做好一些，过节就能省点儿钱。在这一点上，大诗人歌德是哄女朋友开心的大师，八十多岁了还在和十六岁的姑娘谈恋爱。他去探望女朋友，有钥匙，打开门发现女孩在椅子上睡着了，于是他欣赏和赞扬了姑娘睡着之后的美丽（睡着和醒着的美是不一样的，不信试着观察一下），然后从口袋里掏出两个黄灿灿的大橙子放在桌子上，悄悄走了。

这就是惊喜制造者，两个橙子能值多少钱，厉害就厉害在人家知道口袋里要带两个橙子，这就是情趣。

好情人，不是傻花钱的签单机器，而是美的发现者、爱的讲述者、有趣与浪漫的终极持有者。别担心学成了花花公子，那是需要天分的。大多数人学一点皮毛，就正好能让自己生活幸福。

太行

女朋友特别爱挑刺，要分手吗

> Z 同学交了一个爱挑刺的女朋友，想让我们给评评理，那就评评理。

熊师傅：

救命！我的女友很爱挑刺，怎么办？她喜欢小猪佩奇，我就买了佩奇玩偶给她。结果她接到玩偶，第一句话就是："啊！这个佩奇的嘴巴有点歪！"她喜欢喝咖啡，我买了星巴克的杯子给她。她接过杯子的第一反应是："呀！这个杯子手柄上的漆不均匀！"她想要一个背包，我大老远从国外买回来，结果她的第一句话是："这个包的金属拉链有划痕！"

类似这样大大小小的摩擦有很多次，我耐心地找她谈过，她认为是我太敏感，不懂她："我只是随口一说，并不是针对你。"现在提出分手，她不同意："你对感情不够坚持，轻言放弃。"

请熊师傅给评评理吧！

Z

Z：

你好。

首先，佩奇的嘴就是歪的呀。其次，我们看一下这两句话的区别：女友指出我买的礼物有瑕疵；女友爱挑刺。前者是一个中性的表达，后者是一个带有情绪的表达。

有的人会告诉你，沟通不要有情绪。这点真不一定，其实你对女友的批评带有情绪，本身就流露了你的想法：你觉得她在贬低你、否定你。这是你的感受，不一定对，不过她很快就确认了这一点。她说你"太敏感"，说你不懂她，这就是针对你性格的批评了，还立刻追加一句"只是随口一说，并不是针对你"。

电子游戏里有一种可恶的玩家，会用一种叫作"hit and run"（打了就跑）的战术。看见你比他强大好多，他进游戏扔一个魔法打你几个兵，然后扭身就跑，他没打算赢，但一定要先打一下。

你的女友用的，其实就是这种打法，给你一下，你不在乎就疼一下，你要是在乎，她就责备你太认真。喜欢开不得体玩笑的人，这种做法最多。

有一种人的感情模式非常虐，我称之为"乖学生"。乖学生和各种人相处的时候，最后都会活成小学生、活成乙方，他们必须反复去求得对方的肯定，让对方做自己的评判者，无论同事、情侣还是朋友，都能吃定乖学生。

看看精心准备礼物的你吧。"老师,这是我的作业,这次送的是佩奇。"老师批语:"嘴歪"。"老师,这是星巴克出的咖啡杯。"老师批语:"上漆不均匀"。(瓷器上没有油漆,那个是釉)考了98分,全班第一,拿着试卷飞奔回家找妈妈,满心期待能得到表扬,结果妈妈上来第一句话就是:"这里怎么又马虎了?"最后你崩溃了:"妈,我不想上奥数班了。"妈妈语重心长地说:"学习贵在坚持,不要轻言放弃。"

是不是与你提分手时,女朋友给你的评价一模一样?你把评判自己的权利交给了对方,对方也完美扮演了老师和家长的角色。你们越来越入戏,完成了精妙的配合。这种互动一旦成了习惯,再想摆脱就难了。其实你不需要证明自己的。

仔细琢磨一下女朋友在拒绝分手时说的那句话:"你对感情不够坚持,轻言放弃。"我说了,这是班主任和家长的手段,但是没办法,你就吃这一套。

刚才还愤怒地要分手,这个时候突然希望熊师傅来评理。"评理"是什么意思?你动摇了。你觉得自己是一个够坚持的人,是一个不轻易放弃的人。为了洗刷自己的冤屈,你会尝试努力证明给她看。然后这个手就分不成了。

每次你证明了自己是好人、是清白的,她就可以轻易提出新的指控,然后进入新一轮循环中,永远都走不出去。我们管这种相处模式叫作"证明—否定"循环。

| 不完美关系 |

"送礼—挑刺",正是"证明—否定"循环的一种表现形式。"我觉得你送的礼物不够好。""岂有此理,那我再买一个!"相信你们关系中遵循此模式的互动一定还有很多。要摆脱这种模式,就要请她离开仲裁者的席位。

我的建议是,你和她,或者你和你的下一任女友能达成另一种关系:两个人都是运动员,大家遵守一个商量好的规则,一起前进,一起流汗,而不是一个做运动员,另一个做裁判员兼评论员。

女友变成了家长,变成了老师,这跟你的做法有关系。一段关系中,有些责任你如果不承担,对方承担了更多,那对方的权利就可能更大。比如两个人选馆子,你要是选择了一家馆子,选错了,就可能被对方责备。

但是你还可以这么想:虽然被对方责备了,可我自己做决定了。比如买礼物这件事,她虽然对你的礼物一番批评,但选择礼物的权利至少还在你手里,如果对方只是简单地发一个链接让你购买,那她对你的控制才会越来越深。

挑东西的时候,可以问问她的偏好:你觉得棕色的好,还是黑色的好?礼物是你挑,拿不准要问。问这一句,以后颜色上她就没法挑剔你了。再多问一句,可能款式上她也没法批评你了。至于拉链上的瑕疵,应该是真实存在的。这种事经历了才知道,如果是国外买的,那想要调换会很难。

但是经历了这种事，涨了知识，明白了以后要看这些细节，你就会变成一个更温柔、更体贴的男人。这种进步，她带不走，是你自己的成长。

佩奇的玩偶和咖啡杯都可以换，至于那个拉链，不如早早跟女友说，挑的时候店里光线不好，有个小瑕疵，觉得特别难过。这个时候，对方可能反而会安慰你："我看看多大问题，哎呀，不影响使用的，别难过啦！"

还有一招，就是变换话题。过去北京的旧衣店（估衣店），在顾客挑选衣服的时候，会安排伙计拿着烟在旁边。"你看这里有个瑕疵！"经理赶紧递上一支烟："您抽一支。"然后顺手一揉把瑕疵撸到下面去："哪有，一个小褶子没熨平。"

顾客不知道吗？当然不是。顾客知道经理为这个瑕疵不好意思了，在贿赂自己，可能也就接受了这件事。同时，这种分散注意力的技术也有借鉴意义。

声明了有点不完美之后，别让她翻来覆去地看。拥抱、亲吻、拿零食都是很好的岔开话题的小技巧。最重要的，不是瑕疵有没有，而是感情还在不在。

太行

| 不完美关系 |

为什么有的人看着条件不错，
快三十岁了还没谈过恋爱

"为什么没有人来跟我恋爱？"
这在很多时候是个玄学问题，但细细琢磨，
就会发现这件事其实有自己的原因。

熊师傅：

  我是男生，快三十岁了，还没谈过恋爱。我觉得自己性格挺好的，颜值、学历、家庭等条件都不差。也问过朋友，他们都说我没有谈不了恋爱的硬伤。
  但是我真的没发现有女生主动喜欢我，这是为什么啊？目前我所能做的也只是注重仪容仪表、努力工作，通过学习提升修养和学识。真的很渴望谈一场恋爱，我该怎么做才能走出困境呢？

H

H：

  你好。
  总结一下你的提问，那就是"我也不差，怎么就没有女生主动追求我呢？"你渴望有人"主动追求"你。为此，你也在不断地优化、打造和提升自己，让自己每天都变得更好一些。

从小是优等生，老师和家长都会鼓励你这么做，尽快化柔情为动力，在"努力变成更好的人"的道路上一路狂奔。这条路很好，能让你在婚恋领域富有竞争力，你会成为一个优秀的结婚对象，你在相亲市场，会越来越有价值。但是你希望女方主动追求你，那你渴望的，其实是浪漫的爱情。

但是，"好的结婚对象"和"引发姑娘们主动追求的男性"并不一样。你的硬性条件不错，不过爱情这件事，关注的往往是软实力。中等及以上的外貌，精心打理过的发型，简单但显示出优点的衣着，得体的谈吐，妥帖的价值观——都是软实力。

如果你不是那种第一眼就能让异性痴狂的大帅哥，那你可能就需要在交往的过程中展示你的软实力了，对方也需要在这种互动中逐渐对你产生好感。这是很健康的恋爱模式，不过可能就不是你所说的"主动追求"了。

你马上三十岁了，应该有过喜欢的人，如果你愿意的话，可以跟我谈谈你过去喜欢过的人，她们也许没有主动追求你，但一定会在你的人生中留下痕迹。为什么你们没能恋爱？是你没有主动表示你的爱意吗？还是你在等待对方表白的过程中，失去了最好的机会？

男女恋爱，从暧昧到挑明，我称之为"惊险一跃"，总有一个人要先跳向另一个人，而中国的文化传统更希望男性主动做这件事。你期待对方主动，那你的机会可能就会少得多，而且主动跳过来的人，未必是你的心头所爱。

我以前跟一个小伙子聊过，他总是抱怨"没有人喜欢我"。但是我细细一问，发现事实上他有人喜欢，还不止一个。我问他为什么不提，这时候他才恍然大悟，其实他抱怨的是"我喜欢的姑娘没有主动喜欢我"，而那些中意他、但他看不上的异性，被他自动过滤掉了。

他抱怨自己喜欢的姑娘心狠，却没有想到，在和别人的关系里，他自己也是一个心狠的人。所以当你问出"谁在喜欢我"的时候，一定要把注意力放在身边的人身上。如果对着镜子说"谁来喜欢我"，就是过度关注自己了，心理学上这就是自恋。

在努力变好、变强的时候，把生活的注意力集中在自己身上是明智之举。但在需要获得别人的友谊和爱的时候，你要率先采取行动。对身边的朋友多一点关心和体贴，你会收到他们的回应。对其中优秀的异性在关心之外多加一点关注，你就能发现对方的丰富性，逐渐了解对方的心情、想法和兴趣。

这不是主动追求，这是正常的人际来往。你不做这些事，那么和对方永远就是一起玩，没法成为那种心意相通的朋友。当有了更深入的互动之后，也许你会爱上某人，也许某人会主动爱上你，你会沉浸在两颗心的接近和吸引当中。到那时，如果我问你:"你俩谁追的谁啊?"你一定会哈哈笑着说:"谁还关心这点破事儿!"

就像五子棋,先有一个连二、连三,才能冲连四,最后连出一个五子。先有了深厚的友谊,爱有时就会突如其来。刚才提到,恋爱中不要过度关注自己,否则容易变成自恋者。关于自恋,提供一个标准,大家可以用来自省,也可以在择偶的时候比照对方。如果真的很难发现其他人的情感表达,那你可以看看以下这些描述中,哪一条与你相似:

(1)认为自己是最重要的;

(2)幻想最终取得成功、力量、才华,拥有更俊美的外貌,或完美的爱情;

(3)相信自己是最特别、独一无二的存在,只有同样特别的人或成功人士,才可以理解自己或与自己交往;

(4)总渴望得到称赞、表扬、奉承;

(5)觉得自己有特殊的权利;

(6)在人际关系中不自觉或有意地利用他人;

(7)不愿意或不习惯去认可、识别他人的感受和需要,可能会被认为缺乏共情或同情心;

(8)容易嫉妒他人,或招他人嫉妒;

(9)别人直接或间接地说过你的行为或态度有点傲慢、粗鲁，或是不为他人考虑。

以上描述是《美国精神障碍诊断与统计手册（第五版）》（DSM-V）里关于自恋型人格障碍的诊断标准。

如果有 5 条以上符合，那么很可能是自恋型人格障碍了。不过要真正确定是否是人格障碍，还需要医生严谨的诊断。自恋并不是坏东西，适度、健康的自恋能帮助我们建立自我，避免成为没有原则和主见的人。

最后提示大家一点。你问朋友："你觉得我这人怎么样？"朋友评价时一定会考虑你的面子，想要鼓励你。所以"朋友们都说我很优秀"和"我这么优秀她为什么不喜欢我"这两件事，不能联系起来。

想知道女生喜不喜欢你，只有亲口和对方聊才知道。你收集一万份观众意见证明自己优秀，都不能推导出对方爱你这个结论。被爱慕冲昏头脑、认识不到这一点的人有很多。

其实朋友的正确用法是这样的，如果你想知道自己有哪些不足，不要这么问："你觉得我有什么缺点吗？"那对方一定不愿意说。可以换成这样的问题：

"你觉得我会不会太强势了？"

"你觉得我是不是太固执了？"

"我算喜怒无常吗？"

"我有时候是不是脾气太大,让你觉得不舒服?"

"是不是有时候明明是我的错,但是我很少承认,也不爱说对不起?"

让对方说"是"或者"不是",或者从 1 分到 5 分来打分,能减轻对方提意见的压力。我们有一辈子的时间,去成为更好的自己。还是那句话:被人喜欢这件事,我们不赶时间。

祝工作顺利!

太行

| 不完美关系 |

让哥儿们给我介绍对象，
为什么他们都懒得管我

> 这位朋友是位矿工，他最近的苦恼是，
> 要不要找对象，以及怎么找对象。

熊老师：

您好。

介绍一下我的基本信息。我今年 22 岁，在国企能源煤矿企业从事一线采煤工作，月工资在 6000~8000 元。我工作中接触女孩子比较少。贵州老家的同龄人都已经结婚生子了，我还是单身，感觉很焦虑，害怕找不到女朋友。

我看熊老师说过，结婚这件事我们不赶时间，但是我 22 岁还没有谈过恋爱，感觉在这方面很焦虑。我长这个样子，能不能吸引到女孩子？（附上了一张自拍生活照。）

我感觉身边朋友都比我帅，他们都有女朋友。我让他们帮我留意一下他们的女朋友有没有单身的姐妹，他们都说没有，要我自己解决单身的问题。

我现在有 6000 多元的存款，老师您说我要不要去买一个

5900元的婚恋网站的会员服务呢？

X同学

X同学：

你好。

你提了3个问题，我们倒着来回答：

（1）要不要去购买5900元的婚恋网站的会员服务？
（2）我长得是不是吸引女孩子？
（3）没有对象特别焦虑，应该怎么办？

第一个问题：不要买昂贵的相亲服务。

你一个月到手6000~8000元的辛苦钱，5900元对你而言太贵了。相亲网站这么贵，它们其实服务的是有特殊需求的人：有的人一定要找一个一米七的姑娘；有的人一定要找个硕士学位的；有的人要找本地干部家庭的，想改换门庭；有的人想通过联姻进入某个行业，而这个行业的人你平时接触不到，那购买婚恋网站的会员服务还是可以的。

比如："我要找个学医的，这样以后我爸妈老了看病方便。""我要找个好看的。""我要找个没交过男朋友的。""我要找个家里条件好的。"4个条件都符合，那就是一个大小姐的形象，但是要想和这样的大小姐结婚，你本身也要富有、优秀、颜值高、教育程度高才行。如果你本身条件一般，却又坚持要约见这样条件的女性，那你一定会见到平台安排的婚托儿。明白了吗？这种定制服务是富人的游戏，他们会往里扔钱，我们普通人最好就不要参与了。

你攒下近6000元不容易，要留一点钱应付紧急情况。年轻人的财务安全原则有三条："不乱借贷、留钱应急、防备诈骗"。

第二个问题：吸引女孩子的不是相貌。

你的照片我看了，你长得一点也不丑，这是一张挺有精神、很诚恳的脸。相亲的时候提到这样的颜值，就是中等、一般人。

我想告诉你一件事，婚恋当中，吸引女孩子的不是相貌。短期关系和长期关系完全不一样：如果你去一个酒吧，想要跟女孩子搭讪，一张诚恳朴实的脸是负资产，你可能需要机灵，需要帅；当你要找一个人结婚，发展一段长期关系的时候，一张诚恳朴实的脸才是让人舒服、令人信赖的。和相貌上吸引人相比，工作稳定、温柔体贴、尊重女性、通情达理、好学上进和良好的品行才更重要。

而且，人的相貌是会改变的，尤其是男人，经历了事情之后，眼神和气质就会变得成熟、睿智。同样是陈道明老师扮演的角色，《围城》里的方鸿渐和《陆犯焉识》里的陆焉识就完全不同。同样，你22岁的时候和28岁的时候的气质也会不一样。22

岁回老家去找媒人说一个女孩子，完全没有问题，你肯定也能攒够彩礼。但如果你能够忍住寂寞，在这几年里认真学本事、学能耐，几年之后，你可能会吸引到更优秀的女性。男人只要用功，就会像陈酒一样，从辛辣变得醇厚。

最后说说介绍对象的途径。

你说你的朋友们不愿意给你介绍对象，你不知道为什么，那我告诉你原因——你的朋友都太年轻了。二十一二岁的小伙子，找的是十九、二十岁的小姑娘，她们的闺密也是相仿的年纪，她们爱玩、喜欢热闹，喜欢那种看上去很拉风的小伙子，你在井下采煤，对方听了可能会觉得不酷。

这种伙伴，自己还没热闹够，哪里顾得上给别人介绍对象呢？再说了，女朋友的闺密介绍给你，要是成了还好，万一相处得不愉快，不是要被女朋友埋怨吗？

此外，女朋友毕竟还不是妻子，未来这些男生可能还会和别的女生交往，他们本能地都希望圈子里有更多单身的女性，而不是赶紧把身边的姑娘全都介绍给你。

我在"关系攻略"里写过一篇文章，就叫《千万别给人介绍对象》，说的就是当媒人的风险，但有些人其实就愿意给年轻人介绍对象，这就是我们中老年人。

如果你希望找对象，那就找公司里热心肠的老大姐，或者部门领导帮你留意，你托同龄人帮你找对象，别人会觉得你在开玩笑，但是你在公司里托一位年长的人来帮你介绍对象，而且诚恳地拜托，那对方是愿意帮你参谋的。

介绍人对被介绍人，是有权力优势的，如果你的对象是领导朋友或者亲戚的女儿，那对你的安全和进步，也是有帮助的。但是有一点，如果是这种相亲对象，别管满意不满意，都要去见一面，不要看了照片觉得不好看就直接否掉了，这是对介绍人的尊重。

好了，再总结一下建议：

（1）别买 5900 元的婚恋网站服务；

（2）事业、人品比长相更重要；

（3）如果要托人介绍对象，那就托年长一点的，领导优先。

另外，你和老家乡下的朋友们的生活已经不一样了，不要横着比。你加入了一家国企，加入工业化体系或者接受了高等教育之后，人的婚龄都会推迟的，在国企里 22 岁还很年轻，没有合适的对象，不妨等几年。这段时间里，工作上长长本事当然重要，学会生活也很有意义。

要做一个好恋人、适合加入家庭生活的人，有挺多值得学的：成为一个熟练的司机，不违章、开车不斗气；成为一个优秀的厨子，做得一手好饭；看一些好的电影、电视剧，未来可以带着女朋友一起看、一起聊；学会游泳，以便回答"我和你妈都掉进水里，你先救谁"这样的问题，如果有需要游泳、玩水的约会机会，且不说展示自己的水性，至少别套着游泳圈丢人。

遇到了，先谈着；遇不到，准备着。等到你真的遇到那个人的时候，她会看到一个用心的惊喜男孩、宝藏男孩，那她能不爱你吗？X同学，我相信你能够在这个准备过程中变得更优秀、更丰富、更有趣。

祝工作顺利！

太行

| 不完美关系 |

拒绝别人的求爱，
怎么能更委婉一点

M 同学去寺院祈福后，又认真地反思了一下自己的感情模式（为什么拒绝别人的表白）。其实这是一个话题，就是对恋爱和婚姻的不安。

熊老师：

想请教您怎么看待"迷信"这件事情。闺密去寺里祈福，让我和另一个朋友陪着去。在寺门口有很多摆着小凳子的算命先生，闺密就算了一个，讲感情线、事业线、财富运的。我就觉得很有趣，但是也觉得这个不可信，毕竟我们几个都是读研搞科学的。进了寺里，我心里啥也没想，反而庙里的建筑、对联更吸引我。

晚上回来，她们一直说让我也看看自己的感情线。我就用了一个"手相研究的 AI 程序"，忽然发现事情从迷信问题，变成了考虑自己的终身大事，似乎有点明白为什么寺里都是年轻人了。

我在感情方面好像是属于被动型的。每次有人追求我，我就想回避，路上见到那个人就想跑，想绕开。我也不是没有感觉，就是对对方的喜欢可能不够。然后会想着，我一堆缺点，没有其他人好，对方为什么会选择我呢？拒绝别人也会纠结很久，想着怎么委婉一点。

M

M：

你好。

我们先解决问题，然后再聊迷信的事。先提一个问题，一起讨论一下：我们为什么要拒绝别人的求爱？答案其实很简单，对方不是我们想要的人。讨厌、不喜欢、不够喜欢，都是不想要。只要对方不是我们想要的人，那就应该拒绝对方。

第二个问题：好的拒绝应该是什么样的？一是准确，二是友善。明确告诉他，你们不合适，免得对方纠缠；客客气气的，不去激怒对方，免得结仇。不纠缠、不结仇就够了。

任何继续做朋友的想法都是妄念，会给你带来不必要的风险，为了委婉而委婉，只会让自己饱受折磨。咱们当然不能对表白的人说："你很差，你不配我。"那不仅没有礼貌，还会让自己置身于危险之中。但是有一些人，可能从小受了很好的教育，他/她在拒绝对方的时候，不攻击表白的人也就罢了，还会转头去攻击自己，认为两个人不能在一起，是自己不好、自己不配、自己很差劲。

我身边也有这样的朋友。第一次听说这种想法的时候非常惊讶，开始我以为这是某种脱身之策，是害怕得罪表白者而采用的手段。后来我和这样的朋友深谈之后，发现他们其实非常真诚，根本不是什么套路，他们从小听的就是这样的贬损和批评。

小时候父母跟他们说，你长得不好看，你不能骄傲，你没有什么兴趣爱好，逼着孩子好好学习，生生逼出一个985高校毕业生来。按说这已经是极大的成功了，但是谈婚论嫁的时候，父母就会对他们说："咱家条件不好。""你又不是什么好看的人。""咱们和人家不是一个阶层的。"不说自己不满意，而是说自己差劲，不能入对方的眼。对对方不满意的原因他们不明说，而是用贬低自己的方式回绝对方。

做这种父母的儿女，不敢说"我不想要"，自然也没法说出"我想要"，连最基本的评价和表达都不能做，他/她怎么可能去追求幸福呢？M，如果我没有猜错，你就是这样的被动型，你的被动在于你不敢以你自己为标准去评价身边的人，你不好意思用你的需求去框对方，你不敢论断他们，因为你觉得自己不配、不够好。你不喜欢一个人，拒绝对方的方式就是深度攻击自己！那怎么成呢？

太辛苦了。这种情感模式会导致什么？越相亲、越谈恋爱，挫败感就越强，看似遇到的都是好人，但就是一蟹不如一蟹。那到底是谁出了问题，你又奔着自己去找原因了，这不仅耽误找对象，而且连日常生活都会充满损耗。

要调整也不难，就是从"我不愿意"这四个字开始。多想想自己的所欲，才能找到自己渴望的所爱。不知道你有没有见过这样一类人，本身条件平平，但是自我评价挺高，坚持要找比自己高 30 厘米，收入是自己三倍的对象。她就觉得自己喜欢，就觉得自己能拿下。她把所欲亮出来，往往能够横冲直撞，然后可能真的就掠了一个好对象转身就走，留下一群条件优秀，但是完全没有自信的你们，在生活中继续自我攻击，这不是你条件不好、不优秀，而是思路出了问题。

好了，说完你的拒绝和被动，我们再聊聊烧香祈福，这也是一种被动。佛像有木的，也有铜的，还有泥的，它们帮不了我们什么。烧香、拜佛，这些事情简单得很，仿佛把生活交给佛祖了，自己就无须努力了。

为什么不主动在现实世界里修行开悟，认真地去做自己世界的主导者呢？如果有了这样的觉悟，那就不用逃避到宗教世界里了。

来生之事，终究渺茫，只有今生，是我们看得见、摸得着、抓得住、爱得了的。至于手相、面相、星相、解梦、测字，可以用来做谈资，但不能当信仰。

我年轻的时候学解梦，用弗洛伊德的精神分析理论来拆解，屡试不爽，人人听了都很佩服。可那些都是话术的功劳，我其实什么特异功能都没有，就是察言观色和模棱两可，现在我对任何大师都免疫，就是因为我也为了娱乐耍过那一套，所以再看他们，都是"猴子"。

你下载的那个小程序或者 App，留神不要输入账号密码。迷信最大的问题，是可能会损失金钱。我是个对宗教有兴趣的无神论者，但是我从来不劝我的读者做无神论者，我总是说，如果你真的需要信点东西才舒服一点，才能在艰难的生活里坚持下去，那就信吧。

现在有的姑娘几百块钱买个玩偶、手办，其实也是"信"的一种。但是我有个小建议，就是宗教也好，迷信也好，可以往后放放，你正值当打之年，受了高等教育，做的又是科研工作，还是聚精会神出成绩比较好。

25~55 岁正是全力在这个世界上留下点痕迹的时候。等到再年长一点，衰老和病痛近了，也许我们中的一些人会转向神佛，也许不会，那时候如果我的公众号还在，请再给我留言，我们再聊聊，相信到时候一定会有很多不同的感受。

珍重。

祝工作顺利！

太行

一生气就提分手，
真分了你能扛住吗

> 分手之后想把对方追回来，
> 却发现对方已经狠心离去了，怎么办呢？

熊老师：

您好，我和前男友年纪差不多，恋爱半年，正式分手两个多月了，双方父母都知道。

分手原因是我"作"，经常一生气就提分手，后来他说累了、没感觉了。我一直在挽回他，没有大哭大闹死缠烂打，就是和他偶尔微信聊天，约他见面，但他都很冷漠，或者直接说没空。

上周他把我拉黑了，拉黑前他说我们已经渐行渐远了。他平时工作忙，性格有点内向、犟，心思也重，是那种认定的事就不能改变的人。但我不想放弃，这段时间我也冷静思考了很多，我是真的想和他重新开始，可他的态度让我不知道该怎么做，熊老师麻烦您给讲讲吧。

W

W：

你好。

分手，只是字面意思，也只应该是字面意思。分手的意思，不应该是"你必须对我更好一点"。用提分手的方式来要求对方对自己更好，这是"诈唬"。诈唬是德州扑克中的术语，是指在自己底牌很小的情况下，假装出一副底牌很大的样子，下大注，希望对手认怂，从而赢得这一局。

你只谈了半年的恋爱，就"经常"提分手，确实是不妥当的。但是你能经常用，说明这招曾经一定很管用，而你也获得了你想要的。这种想要的不一定是物质上的，也可能是心理上的满足。比如，从对方的妥协和顺从中，获得了权力感和控制感。

你的前男友一度是吃"诈唬"这套的，因为那时他还在乎你们的关系。只有他在乎的时候，你才能通过"绑架"实现你的目的。你看上去强大无比，其实就是一个站在他善意上的小孩子，而且还在拼命把他的善意挖坍塌。你觉得皆大欢喜，得到了他的服从，但这个过程对于他来说可能很委屈。怨恨和失望，就这么暗暗种下了。你觉得提一次分手，他的表现就会更好——这是一个驯化过程。但他听得多了，只会觉得你不在乎他的感受。如果你特别喜欢这类方式，那你可能是一个特别缺乏安全感的女生。你要让对方感到委屈，看到对方愿意为自己妥协，看见他低头，你就能获得一些确定感，但是这一点也无法让两个人互相信任。

当对方感到不被信任的时候，两个人的关系就已经被伤害了。你们会进入一种恶性循环：越是考验关系，就越是伤害关系；越是伤害关系，就越需要确认关系还在不在。

沉迷于通过控制男友来缓解内心的不安，是很多女生都在做的事。同样，也有很多男生愿意迎合。但对于一段健康的关系来说，这终究不是长久之计。你认为分手的原因是"作"，其实就是大吵大闹的戏剧化举动。想要变得不"作"，可以从行为的改变入手，比如不再大哭大闹，但这只是改变外功招式和套路，内功心法还是在沿用原来的。你并没有改变这门武功的实质，反而开发出新招式，给这门武功升级了。所以，当你尝试挽回时，尽管你没有大哭大闹死缠烂打，但你男朋友的感受可能没有太多不同。

"作"的内核是任性，任性的思路是：我想要什么，必须立刻得到满足，否则……我心里想什么，不用明说，对方就应该清楚地知道，否则……对方必须以我想要的方式来对我好，否则……只要内心深处认同前半句的规则，不论"否则"后面跟着什么表现，都会透露出"作"的痕迹。

你说他的态度让你不知道该怎么做。对，因为这就是他希望的。他想让你不知道该怎么做。在成年人的世界里，拉黑是一个明确的信号，表达决裂态度的时候才会用到。如果说疏远是一个量变的过程，从多到少，那么拉黑就是质变，从有到无。他已经彻底下定了决心，毕竟只是一段发展了半年左右的关系，及时切割可能更舒服。所以我建议你，不要把和好当作目标，这只是一个心愿。当你把和好作为目标的时候，就会把注意力集中在如何扭转对方的心意上，可对方的心意如何变化又是不可控的。相比之下，传递出自己的心意，改善自己的某个缺点，让自己变得更优秀，过段时间后，再试着联系一下对方、接触接触，才是更现实的。

如果你开始了下一段恋情，试试这样调整一下自己吧，我不准备给你列一个清单，你就改掉一点：忍不住刺激了对方之后，立刻道歉。情侣间生气吵架，难免会用激烈的话去刺激对方，这是为了让对方也不舒服，起到感同身受的效果。就像小孩子打架，你打我一拳，我也要用同样的力量回你一拳，让你知道我有多疼。结果往往是双方互相叠加，下手越来越重，这关系就没法改善了。

对了，还有一点。真的有大牌的时候，才下很大的注。决定要分手了，再说"分手"。

祝工作顺利！

太行

一条丑内裤引发的感情危机

生活里的小事可能会引发严重的感情危机，我们聊聊一条内裤带来的爱恨情仇吧！

熊老师：

我和男朋友吵架了，想听听您的看法。昨晚我帮他晾衣服，跟他说"你这条内裤太丑了，别要了吧"。他说这是他最喜欢的内裤。

我正说着这条内裤的缺点，他不耐烦地打断我："又没碍着谁，这是我的自由！"他的态度让我有点儿生气，于是我告诉他："别人看不到但我看得到，你就不能为我妥协一点。"他突然一把扯下内裤，用力地撕，然后扔进了垃圾桶："这样行了吧！"

当时我都愣住了，为了这么点小事至于吗？要有更大的矛盾，还不得摔东西打人？他平时挺温柔一人，所以反差特别大。过了一会儿他来道歉，说不该撕衣服。但我还是很生气，和他吵了半小时。

熊老师，是我做错了吗？

Y

Y：

你好。

别着急判断对错，我们先来看看这个架是怎么吵起来的，就像围棋高手跟 AI 下棋之后要复盘，吵架也是可以复盘的。这样下次才能避免冲突出现和升级。

你先提出了自己的意见："你这条内裤太丑，别要了。"他回应得也很干脆："这是我最喜欢的。"如果他要讲道理，应该说："我觉得这条内裤不丑，你看……"但他没准备讲道理，而是用"我喜欢"封住了你继续论证"内裤太丑"的可能。你没有意识到他已经有了情绪，还开始摆"证据"。

在他看来这不是一个好兆头，他会觉得你的意思是："只要我觉得它丑，就是可以扔掉的，不管你喜不喜欢。"男朋友觉得自己的想法和感受完全被你忽视了，有些受挫，开始变得不耐烦。接下来，他用更重的语气打断你的自说自话，断绝了商量的余地。

这种打断会让冲突升级，他接连打断你、拒绝你，这会让你感到自己的想法没有被尊重。这正是你生气的原因，你很委屈，一定要反击。于是经过短暂的蓄力，你说出了最有力量的一句话："别人看不到但我看得到，你就不能为我妥协一点。"这是一句有情感绑架色彩的话，被绑架的是两人的关系，它的作用就是要挟。

同样是没有商量余地的话，他说的是事件层面，而你说的是关系层面。面对你的要挟，他直接用力撕内裤，"这样行了吧"。从作用上来看，他的这次回应和前两次没有本质区别，只是表达得更激烈罢了。在事件层面上他看似妥协了，但在关系层面上并没有妥协。

妥协一定是主动选择让步，是心甘情愿的行为，而不是被迫做出的决定。你用情感要挟的话把他逼到死角，他就顺势撞个头破血流给你看。其实在这段互动中，你们双方可以在任意位置停下来，用恰当的沟通方式阻止矛盾一步步升级。你最初提议的时候，可以用"我希望……"或者"要不然"这个句式。这个句式暗示说的内容仅仅是个人的想法和愿望，同时也是在征求对方的意见，告诉对方选择权在对方手里，这样反而容易达到我们的目的。而带否定的句式饱含权势，只说不要做什么，明明是表达请求，听上去却像要求和命令。

使用正面、肯定的表达，可以避免把注意力放在否定和限制上，这样对方的感受就没那么糟了。比如："我希望你多穿我觉得好看的内裤。""这条内裤旧了，要不然我给你买新的，换掉它吧。"

你也可以带着好奇，问问他为什么这么喜欢这条内裤。好奇心是理解人或事最纯净无害的心理动机。当你在表达自己的好奇心时，就会呈现出想要理解对方的姿态。你瞧着那么不顺眼的内裤竟然是他最喜欢的，这太不可思议了。不如问问他："你愿意告诉我你最喜欢它的原因吗？你喜欢它什么呢？是材质、颜色、样式，还是有啥特殊的意义？"这样就打开了一个深入交流的口子，给双方互相理解创造出机会。

猜对方的情绪感受，重点不在于猜得准不准，而在于猜测这个行为本身。当你愿意猜对方的情绪时，就暗示你在乎对方，并且想要了解对方的情绪感受。比如，"我刚刚说想扔掉你最喜欢的内裤，你会不会生气啊？"尽管大胆地去猜，别怕猜错，猜错了对方是会有意愿去澄清的，毕竟谁都不想被冤枉。这样来看，猜错反而能促进双方的互动和交流。

猜测对方的意图是一种更高级的理解和共情技巧。这需要你在听清楚内容的同时，还要思考对方为什么会说这句话，这句话的作用是什么。猜测意图有难度，但它的好处同样明显：让对方感受到自己被充分理解，自己说的话真的被听懂了，还可以提高双方沟通的效率。比如，"你说这是你最喜欢的内裤，你是不想聊这个话题，想彻底结束这个话题吗？"

知道这些操作上的小技巧，基本就够用了。相比之下，心态上的调整难度更大，不过牢记一点就可以：让自己慢下来，别那么迫切地想达到自己的目标，明白自己的好意是可以被拒绝的。另外，内裤这个东西，确实最私人化，非常特殊，确实好不好看，别人不知道，你知道。然而舒服不舒服，你也不知道，只有他知道。多跟他聊聊吧。

祝一切顺利！

太行

| 不完美关系 |

姐弟恋，
姐姐一样要人疼

关于姐弟恋的困扰：

和比自己小的男朋友恋爱，真的注定劳心劳力吗？

熊老师：

您好，我（30多岁）正在跟一个小我10岁的男生交往。他追求的我，说不在乎我的年龄和婚史（我离异），而且是奔着结婚去的。

可是在交往的过程中，我觉得缺少那种被呵护被心疼的感觉，比如他没主动送过我礼物，出去吃饭也是双方都有付账。我不是觉得女方付账不可以，只是没有被照顾的感觉。

我挺喜欢他的，但也感到迷茫，患得患失，不知是否要尽快放手。请问，姐弟恋的路在哪里？

Z

Z：

你好。

这几年姐弟恋越来越多，这跟女性的社会地位、经济地位、自主意识不断提高有关。

从你的描述来看，你是一位独立自主的女性：敢于离婚独自生活，说明你心理上足够独立，生活上也能照顾自己；勇于进入一段男方小自己10岁的恋情，说明你的自我足够强大，不过于担心社会的偏见。

与其照顾那些喜怒无常、哭哭啼啼的小女孩，不如和心智成熟、情绪稳定的女性在一起，这是很多男性的真实想法。不过，年龄很可能也是你们之间矛盾的导火索。

也许你们刚认识、刚开始恋爱的时候，他对你的了解就是片面的、标签化的。姐姐爱人更独立，他就认为无须像对小女生一样体贴你、照顾你，包括一起出门吃饭，他也不需要像所谓绅士一样抢着付账。但他没想到，这会让你缺少被呵护、被心疼的感觉，甚至连平等都谈不上了。

无论我们的生理年龄是多少，外表看起来多么成熟稳重，在社会生活中多么成功优秀，内心深处总住着一个小公主或是小王子，期待被人理解、疼爱和照顾。你内心的"小公主"，他见过吗？你可以考虑跟他沟通一下，告诉他你想要的是什么。

感情需要经营。所谓经营，不是说使用攻心术达到什么目的，而是通过沟通交流，表达自己有关对方、关系、交往方式的期待和建议。沟通，是以成人的方式，用语言表达自己的需求和情绪。不合理的要求对自己和别人都不公平，而且必然会伤害你们的关系。

比如："我不说，你也应该知道我需要被照顾。""这事儿你应该自觉去做。""你应该知道怎样照顾我。"这些猜测容易断章取义，是小孩子玩的游戏。有默契的人沟通起来能方便些，但一样得沟通，不能偷懒。不要怕展示真正的自己，对方就会提分手。如果真的因为见到了你的真面目而分开，这不是坏事，只能说明你俩不合适。

靠幻觉维系的感情非常脆弱，要想长久地在一起，越早表露真实的自己，双方的损失就越小。一开始交往的时候，双方会给对方脑补出一个完美人设，这就是互相投射形成的粉红泡泡。在这个泡泡里，我们会带着滤镜看对方，想象对方身上充满优点。他夸你独立自主，不用他花钱。你为了自己在他心中的良好形象，也不要求他送礼物。这种迎合会把你的特点放大，使得男友更坚定地不去呵护你。

维持和实际相差太远的形象是很折磨人的（当然相关专业出身的人演技要好一些），你的纠结也正来源于此。随着交往的深入，我们需要逐渐引入更真实的自己。突然的别扭、吵架、分手，恨恨地埋怨"你都不照顾我！我也需要别人的关心！你不爱我了！"不是打破虚假形象的好方法。缓慢地展示自己，每次展示一点，让你们慢慢接受对方真实的样子，就不会消磨掉浪漫的情调了。

通过沟通，你们可以讨论彼此想在这段亲密关系中获得什么。这里有几个展示自我的方法，供参考。

1. 描述你期待的相处方式

两个人怎样度过一天是你最向往、觉得最舒适的方式？工作日也要见面还是打个电话就好？休息日宅在家做饭还是出门探险？尽量多地描述细节。

2. 描述你希望的生活方式

你希望由谁来做饭、洗碗、做家务？发消息时你期待对方多久给你回复？你希望对方怎么称呼你？对方怎样做才能让你感受到爱意？

3. 倾听对方的期待和希望

对方希望你怎样对待他？你们在经济方面的态度如何？

经过这样的沟通，你们可以对彼此心中的错位做出调整。这些沟通是循序渐进的，不用一次聊完。需要注意的是，"你应该如何如何"是一种想当然，别这样要求对方，也别让对方这样要求你。如果沟通完发现两个人不合拍，那分手也不会过分纠结。

对了，不要因为年龄比男方大而有太大的压力。中国传统文化里一直都会对女大男小的婚姻送上祝福。一个成熟体贴的女性对两个人的成长、家庭的稳定有多重要，中国人一直都明白。

至于有些不怀好意的人认为女性老得比男性快，年轻老公以后容易有新欢——那些人都是"土人"，甭理他们。他们根本不理解伴侣之间重要的是什么。能沟通、有话说，好过各怀心事、无言以对。

祝一切顺利！

太行

为什么两任女友都说我不懂她

这是一封关于分手的来信，
提问的同学的两任女友都觉得他"不懂她"，
我们来聊聊恋爱中的"懂"。

熊师傅：

我最近和女朋友分手了。她提出分手的理由跟前女友一样，都是我"不懂她"，不知道她真正想要的是什么。

我想问，怎样才叫"懂她"呢？我该怎样提升自己，找到人生伴侣呢？

X

X：

看到你的问题，我也很苦恼。你提了问题，但并没有把问题说清楚。

你说，女友说你不懂她，不知道她真正想要的是什么，而且前女友也这么说。这个说法很笼统，缺少具体的细节。这就像你去医院看病，你跟医生说，我头不舒服，具体怎么个不舒服，没说明白。是疼？还是晕？是脑袋里面疼还是偏头疼？这个头疼是怎么发生的？有人打过你没有，吃过变质的东西没有？看病，得先说清楚自己是怎样的不舒服。

探索自己的关系问题，也要说一说你们的关系到底是怎么回事。回避这个过程，可能就是在抗拒它。我们来一一排查吧！

首先，看看我们的表达是不是出了问题。好多人说"我这人不太会说话"，这就是不善于表达。表达追求的不是口若悬河，而是为了沟通。你需要考虑别人能不能听明白，要考虑别人的感受，也要仔细倾听别人在说什么。

倾听是表达的基础。如果你不去认真倾听别人，难以理解对方说的话，那你的表达可能就会显得不懂对方。不被倾听的人和不被理解的人，都会有一种感觉：我在你面前是透明的，你看不到我，跟我一起的时候，你没有用心。

女朋友是与你交往最密切的人，也是最容易体会到不被倾听和理解的人。所以，当她们说"你不懂我"时，可能真的是在说：你没有倾听我说话，你不明白我说的意思。

其次，你可能要对照一下，看看自己是不是不会倾听的人。女朋友会不会偶尔抱怨："你都没有在听我说话！""你总是玩游戏！"或是其他更含蓄的表达？

仔细想想，女朋友抱怨的时候，你脑子里是不是正在考虑工作、朋友或者游戏的事，没听进去她在说什么？要是回想不起来，试试跟她聊天，刻意记一下自己聊天时的反应。

女朋友说被同事气着了，你会不会很自然地接上话"我有一个同事比你说的还过分……"把话题转到自己的烦恼上？女朋友说今天好烦躁啊，你会问问她具体是什么事吗？还是顺口抛出万能金句"是不是大姨妈又要来了？多喝点热水吧"？

在跟别人的沟通中，别人有时会说："唉，跟你说不通，你都不明白。"如果你发现的确有这种情况，那可能是你的注意力总是在自己身上，很少去关注别人。这会导致你经常处于一种难以理解他人的状态，别人常常觉得你在自说自话。

情商高、体贴的人都会去倾听别人。倾听是后天学习的技能，只要愿意学，就能进步。早年家庭环境或者其他原因，都可能削弱一个人倾听、共情的能力。如果我们没有被人倾听过，那么我们就不知道该如何倾听别人。当我们没有被理解、共情过，我们也就无法学会很好地理解他人。用心倾听他人，可以帮助你理解别人的行为，明白他们的感受和想法。

我们可能见过这样的父母，在餐桌上一个劲儿地劝孩子："这个菜有营养，你多吃点。"孩子皱着眉头，小声嘟囔："我不喜欢吃这个，我说过好多次了。"但父母完全听不进去，强迫孩子委屈地吃下他们不喜欢的食物。

其实同样的营养，是可以由另外的蔬菜提供的。孩子只是不喜欢某种食物，甚至可能只是不喜欢父母的厨艺，而父母根本就没听到孩子的真实想法，所以孩子只是悲愤交加地反抗罢了。

"我这是为你好！"就是糟糕的表达。很多强势伴侣的表达都有类似问题。什么都要管的男朋友对女朋友提出要求："你不应该跟 A 出去，她太小家子气了，对你事业发展不利，你应该多跟 C 亲近。"

女朋友不乐意，说出自己的看法："但我跟 A 是发小，跟她一起我舒服自在。"男朋友则搬出那句经典的话："我是为你好，你跟她玩儿一点意义也没有，听我的就好了。"忽略别人真正的感受和想法，将自己的想法强加给对方，还要包装成"我是为你好"，这会伤害你们之间的关系。

倾听别人、理解别人，可以帮助你减少对别人的片面印象和评价，增加对别人的了解，增进感情，拉近彼此的关系。被女朋友说不懂她、不知道她想要什么，怎么办呢？问呀！"你说我不懂你，能具体说说怎么回事吗？""能说说哪件事让你有了这种感觉吗？"

大家一起回忆，你当时做了什么，说了什么，也可以问问朋友。比方说，别人觉得跟你在一起的时候，你不在意他的感受。那你可以直接问："我怎样做才能让你觉得我在意你的感受呢？"

如果别人提到一些具体的点，比如觉得你太自我，甚至自私，那么你可以更进一步，请他们举一些例子，然后自己尝试理解一下，为什么这些做法会让别人觉得你自我、自私。只要你真诚开放，就可以得到很多宝贵的反馈，帮你更好地了解自己。

通过这种沟通，你可以准确找到改善和提升的方向。当然，这种沟通不简单，也不轻松。我们每个人在面对别人直接提出的建议和意见时，都会觉得被指责、被批评了。

你可能会觉得很难受，甚至尴尬、愤怒。这时不妨试试从另一个角度去看待这件事。你主动向别人请教，讨要反馈，你是在学习。别人也不是主动来指责你，而是帮助你了解自己。恋人和朋友还不收你的学费，真是赚到了。

万一朋友不好意思提建议，怎么办？我们也有更主动一点的办法。在别人说完一段话后，你试着用自己的理解复述一遍，然后问他："你刚才说的，是这个意思吗？我总结得对吗？"如果对方说你总结得对，那么你的倾听和理解就都到位了。如果对方纠正你，你也能从中学到，"哦，原来别人这样说，我应该这样理解"，这是一个非常直观的教学过程。要注意的是，你在总结时，只谈内容本身和你所理解的对方的感受，不要说评价或建议。

看小说也是学习理解他人的一个好开端，多读一些有细致内心描写的文学作品。金庸先生的小说就很适合。令狐冲苦恋小师妹能打动那么多人，就是因为这份感受描写得非常细致，也很真实。这些感受的描写，可以帮助你直观地了解别人的内心。

除了想象书里的描述外，我们也可以代入别人的角色，想象别人的感受。比如前面说的，女朋友被同事气着了，问问她具体是什么事，然后把自己代入女朋友的位置。如果是我碰到这样的同事，我会怎么想呢？然后把自己想象到的情绪，表达给对方听。对方就会觉得：哇！你好懂我！

从倾听到理解，是循序渐进的过程。倾听，要听到、听懂，需要学习和练习。当学会倾听的时候，我们会下意识地开始收集别人的其他信息，你会慢慢关注更多，不只是别人说的内容，还有别人的表情、眼神、肢体动作，这些信息都能帮助我们理解别人。我们用心去理解别人的时候，别人就会感觉到：哦，你就是那位知心人啊！

祝工作顺利！

太行

我不主动他就不跟我聊了，
这样的暧昧还要继续吗

> 跟一个有好感的男性聊了半个月，
> 最近她不主动，对方也不理她了，
> 还要不要继续？

熊师傅：

有个异性朋友认识多年，之前因为了解不多，以为他有女朋友。最近知道他目前是单身状态，我就想着给自己点机会，尝试和他多接触、多聊天，也是增进了解。

我们每天都会聊天，但一般都是我发起，差不多聊了半个月。这几天我正好有点事，就没主动找他聊，他也没找我聊。我不确定是不是还要继续如此主动地找他聊天了。

求建议。

Z

Z：

你好。

一个新楼盘开业了，招了很多业务员，到处找客户来看房，那房子卖出去了，业务员就收到了提成。有一个"铁憨憨"，他看见业务员卖楼得了提成，心想这个活儿我也能来，就拉了几个人进去，给人家介绍楼盘，真的有个客户看上了房子，就买了。"铁憨憨"就跟地产公司说，给我提成吧，对方目瞪口呆——凭什么啊？

你得先和对方有一个双方认可的关系，然后你所做的一切，才算是做有用功对吧。现实中，售楼处不会有这样的"铁憨憨"，但是平移到谈恋爱这件事上，偏偏就有很多"铁憨憨"，他们会忍不住做无用功，在盐碱地上耕耘，在乱石滩上挖沟。八字没一撇的时候，就已经开始对对方抱有期待了。名不正则言不顺，言不顺则事不成，事不成则不甘心，不甘心了，各种恩怨就来了。

Z，你描述了自己对对方的看法，过去你不知道他的婚恋状况，偶然知道他单身了，就想要多跟他互相了解，因此开始聊天。你和他都是成年人，不是高中生和大学生了，小年轻可以暧昧，等着对方来追自己，成年人还是认真说清楚计划比较好。单纯的聊天什么也说明不了，一个单身人士，无论男女，同时和几个异性聊天接触是很正常的事情，如果你只是闷着头跟对方聊天，就像那个售楼志愿者一样，那未来可能什么都得不到。所以，与其有一搭没一搭地聊半个月，不如聊个三四天，觉得对方比较合适了，就提出下一个提议："哎，要不要试着和我约会一下，如果合适再确定关系，可以吗？"这个策略叫作"关系锚定"，虽然不是确认男女朋友，但是这种锚定的提议，会给对方带来一些责任感和压力。

不要害怕锚定会吓跑对方。锚定是最轻度的联系，只会吓跑那些完全不打算建立长期关系的家伙，这一招会让你鉴别出适合继续交往的人，如果他不是，那就排除掉他，另寻他人吧。

锚定之前，你和他的聊天，就像是一个暴发户在群里发红包撒钱，虽然大家都发"谢谢老板"的表情包，但没有什么人真的说一声"谢谢"。锚定了之后，你就是在一个"交往"的账户里存款，每一笔进账，你都看得到，他也看得到。搞对象这件事，还是要有进取心一点，不能太佛系，趁早锚定，然后做功。

你不锚定关系，自己瞎嘀咕几个月之后，发现人家被别的女子给拿下了，徒然生闷气。你连最基本的锚定都不敢开口，未来怎么跟人家张口去确定关系呢？别想着让对方主动，谁也别指望把小命交到别人手里，还可以仰仗别人的慈悲活着。还有一点，别老微信聊天。利益关系可以都在线上，感情关系则必须"见人见肉，见嘴见心"。真的有好感，就应该见面。喜欢一个人，就会想要去见他，不想见他，还叫喜欢吗？"我想去看×××电影/话剧/音乐会，要不要一起去？"好多人说，谈恋爱不知道聊什么好，我说对，那是因为你们总在微信上聊天，自然要搜肠刮肚找话题了。

其实只要你们愿意线下见面，好多话题自然而然就出现了。恋人或者相亲对象之间，相聚时间是短的，分别的时间更长，在不相聚的时候，喜欢的人之间会彼此想念。一个活人不能只想念一个微信头像和对话框，喜欢对方的眼神、语气、微笑、掌心、拥抱和发香，那才是喜欢。

忙？都忙，但是如果喜欢，忙这件事就可以协调，如果不喜欢，那不忙的人也会变得很忙。所以，还是要线下见面。有句老话叫男追女隔座山，女追男隔层纱。这话没问题，作为女性如果能够主动描述自己的感受，愿意主动提出交往的诉求，那事情其实会变得很顺利。

你觉得自己现在很主动，其实我觉得主动聊天这件事，不算是主动。主动锚定关系、主动约见面，都是主动促进关系的升级，这才是真正的主动。主动聊天，只是你作为一段对话的发起者，你再主动，也仅仅是重复过去的交流强度，是在维持一个状态，这和我们想要的主动还差得很远。这么说吧，一个人每天主动和另一个人聊天，除了喜欢之外还有一种可能，就是太闲。

如果你不主动说出喜欢，那对方可能就会默认你太闲，除非他先喜欢你，但现在看来，他没有。那你就有一件事还可以做：认真问问他要不要跟你谈恋爱。

一是要不要谈恋爱。别觉得男人什么时候都可以，有的人失恋之后或者工作不顺利的时候都不愿意谈恋爱，而且越优秀的男性，不愿意谈恋爱的情况可能会越多。

二是要不要跟你谈恋爱。聊了半个月，他愿不愿意跟你锚定关系，应该有个基本判断了，听听他的想法。

问问清楚吧，至少未来想起来不遗憾，但是从种种情况来看，我觉得这件事不乐观。

所以下一次遇到喜欢的人，节奏可以快一点。"老娘就是想和你搞对象！"大胆地说出来。我很喜欢邓刚老师的钓鱼视频，他讲钓鲢鳙就是这个思路：一开始多打一点，把鱼诱进窝子，然后钓快一点，不停地抽。男人和女人为结婚而交往也是如此。前面不要动情，像个机器一样确认了，免得太累，两情相悦之后，再去全力以赴，因为值得。

祝工作顺利！

太行

| 不完美关系 |

在县城相亲，
我该提自己是个鬼畜区 UP 主吗

　　X 同学是一位 B 站鬼畜区 UP 主，最近在相亲，苦恼于要不要跟相亲对象说自己做鬼畜。"鬼畜"，理解成调音、配音的幽默恶搞视频就可以了。懂的人爱得如痴如醉，但是没接触的人根本就不知道它是什么。

　　我特别理解 X 的苦恼，他真正的问题，其实是找不到同类的孤独。

熊师傅：

　　您好，最近一直被一个问题困扰。

　　我是一个 95 后，在北方小县城的事业单位上班，工作比较清闲，同时也在 B 站鬼畜区做 UP 主，也赚了些钱。除了父母，其他人都不知道我做 UP 主，一些亲戚甚至觉得我一个男人不想办法赚钱就知道闷在家里无所事事。

　　最近相亲，也不好意思和对方提我是鬼畜区 UP 主。我总觉得鬼畜比较小众，在小县城说这个比较容易被人误解，特别是熟人，怕给自己惹来麻烦。您觉得我的想法对不对，该怎么办好？

X

X：

你好。

我特别喜欢 B 站鬼畜区，我觉得在那里创作者能够感受到创作的幸福。那里有天底下最才华横溢的创作者和最友善的观众。

这几年 B 站的影响力越来越大，过去那种需要答题才能加入的门槛已经变低了。一个社区破圈之后，就会涌进来很多形形色色的人，这些人可能会非常不友善。我就经常在喜欢的美食 UP 主那里看到不友善的言论，有说他假吃的，有说他翻车的，看见他做腰花，就开他老伴儿的玩笑。这些自以为聪明的人，看着烦。

但鬼畜区有智力和品位的门槛，不聪明的人，入不了这个门。鬼畜区的观众就算有一两个梗看不懂，也是认真去找百科，再不然就在评论区里请教，没有破口大骂的。

做 UP 主比写公众号好得多，视频有门槛，能挡住大多数眼高手低的人，观众不会想着自己剪一个把 UP 主比下去。但是上过小学的人就写过作文，我写公众号就总能遇到只认字不读书的人来我这里指手画脚的，觉得比我写得好。真挺奇怪的，打个出租，司机开得慢，他们也不会让司机下来自己开，还是照样给钱；看公众号又不收钱，不爱看不看就是了，怎么还要指点写文章的人应该如何写呢？

所以，X，别看你只是在北方小县城，但科技给你的想象力插上了翅膀。你的观众，是全国最好的一批观众，你的粉丝，是人类高质量粉丝，这应该给你带来了很多很多的快乐，甚至幸福吧！

以大多数 UP 主的聪明才智，应该能过上更好的生活，只是他们不愿意变成低端营销号，才愿意在鬼畜区寻找类似的人。我觉得这种生活方式很自在。有一份本职工作，不需要用做视频来养家糊口的时候，你会更主动、更自由、更强大。

有一次看新闻时看见一位作者，2002 年大学毕业后就一直把自己关在一个 8 平方米的出租屋里，不上班，靠父母接济，每天 13 元的伙食费，每个月连房租才花 400 元。这位老兄一心要续写《红楼梦》的后 40 回，记者去采访他的时候，他脸色煞白，一看就是长期营养不良，真为他的身体担心——他居然还帮曹雪芹写贵族的生活，这实在是太难了。

刘慈欣写《三体》的那些年，一直在娘子关的电厂里当工程师，有自己的工作，就不会太着急地取悦读者，反而能够好好地找到适合自己的节奏，这对创作者是一件好事。

听你说自己有事业单位的工作，很替你开心，我们生产内容的人就应该活得很好，照顾好身边的人，才能不断地生产好内容，我们必须幸福，才能承载许多人的梦想。

钱这东西很重要，尤其是 20 多岁的时候，需要用钱的地方最多。我喜欢的一些 UP 主，在二三线城市的，都生活得很舒服，线上收入在物价房价水平比较低的地方还是不错的。如果在京沪深，那可能就是个吃饭钱，你应该是所有 UP 主里金钱幸福感最高的了，继续加油吧！

相亲介绍自己的时候，可以优先挑亮点来介绍，比如在北方，最大的亮点就是公务员身份或者事业编制，所以相亲的时候，提到自己时说这个就够了。然后跟姑娘继续谈、继续处的时候，偶尔问问她看不看 B 站，看哪个区。如果是我道中人，那就是意外之喜，倘若不是，那就看对方的人品、性格、相貌，毕竟是找一个适合组建家庭的人，而不是找一个创作伙伴。

我赞同你的观点，不用提自己是鬼畜区 UP 主，这个确实不好理解。如果姑娘家有亲戚听说了你的副业，你就说"业余配音演员"。注意别说"我会剪视频"，不然你可能会被人薅去剪婚庆视频之类的东西，真的剪出来，你也痛苦，他们也痛苦。

我也不怎么跟我家里的亲戚细讲我是做什么的，人际关系、课程这些，跟长辈们讲毫无意义，我就告诉他们，我是个励志作家。是不是够通俗了？上次我说完这句话，有位长辈一脸关切地说："离职作家？那不行啊，还是应该想办法找个单位挂靠啊。"你看，总有许许多多的不理解和谐音梗，在我们前面等着。

X，你的苦恼，其实是因为网络上的那个世界和现实世界之间有一道墙，理解你的人，在网线的那一端，现实中熟识你的人，往往不认识灵魂深处那个真实的你。这是人类永恒的主题——孤独。孤独的又何止是你？

鲁迅先生在上海租界的那栋小楼里熬夜写作的时候，还在算一篇篇约稿的稿费。他知道自己有名，知道自己被许多年轻人爱戴，但不知道自己会成为民族魂，有那么多文章被收进中学课本，还要让大家全文背诵。

瞿秋白烈士在被反动派羁押的时候，有许许多多的看守跑来跟他求字。那些人其实不懂他的文章和学问，就知道他是个大教授，可能快要被处死了，以后他的字可能很值钱。

古来圣贤皆寂寞，优秀的创作者可以永生！

一起加油！

太行

丈夫不理解我
也不关心我，怎么办

如果枕边人没有共情能力怎么办？
应该认命吗？这封来信，就是这样的灵魂之问。

熊师傅：

　　我丈夫是一个共情能力比较低的人，相处中他不太会主动关心我。我的伤心、难过、愤怒等情绪很多时候他都表示不能理解，我能感受到的家庭温暖、舒适的氛围也比较少，有时候感觉特别累，不知道还能不能继续下去。

　　我想改善关系，但不知道怎么和这样的人相处才能让自己轻松一些，应该降低对幸福的期望吗？

R

R：

　　你好。

　　"共情"在心理学中是个非常重要的概念，你能从这个问题来衡量你的丈夫，可见对心理学是有些了解的。

共情能力低的人理解不了别人为什么伤心、生气，很难关心别人，即使关心了也关心不到点子上，做他的亲人或者配偶，很难感受到家庭的温暖。不过在你要一个改造共情能力低的人的攻略之前，我想你还是应该先细细鉴别一下：你的丈夫是共情能力低的人吗？

我们可以通过以下几个问题，来评估对方是不是真的缺乏共情能力：

（1）你们刚认识时他也是不关心、不理解你吗？
（2）他与别人相处时，也是不关心、不理解别人吗？
（3）他跟同事、朋友和他家亲戚的关系，是疏远还是亲密？

如果他对别人都妥妥的，也曾经对你关心、理解，那就是你们的感情出现了问题，而不是他的共情能力有问题。如果他一直以来都不理解所有人，那问题就真的出在共情能力上了。

共情能力低不是表面的人际交往问题，往往是因为童年时，他父母的抚养方式有问题。父母比较严苛，他需要安慰的时候被父母拒绝："你是男子汉，不许哭。""这点小事有什么好叽叽歪歪的，别说了。"

如果在成长过程中，他的情绪表达没有得到良好的反馈，慢慢地，他就会认为情绪这件事没用，长大后也就对别人的情绪失去感知力了。用心理学的说法,这是影响了人的基本功能之一——共情能力的发展。

后天原因导致的共情能力低还是可以挽救一下的,但是需要你具备较强的心理疏导能力,付出很多耐心。

1. 给他提要求

生活中,你有情绪的时候就直接表达,并清楚地提出需求,给他一本"说明书"。比如,"我今天被同事欺负了,感到很沮丧,我想你抱抱我,跟我一起骂她,然后我们去吃烤串喝啤酒,可以吗?"

2. 请他说出来

把当年缺失的课程补回来。他遇到压力时,也要请他说出自己的感受给你听。

3. 求助咨询师

如果他愿意改善自己,那也可以直接让他去见心理咨询师。即使求助心理咨询师,"提要求"和"请他说"仍是很好的沟通方式，最好是继续这样做。

如果丈夫共情能力没问题，只是懒得再和你沟通，那你可能就要重新审视一下亲密关系中可能的问题了。

你说他"不太会主动关心我"，"主动关心"就是你对他的期待。当期待落空时，我们往往会失望，这个时候你跟他表达自己的失望，在对方眼里，就成了一种指责。所有人面对指责都会难受，随之产生防备心理："这个人在说我的不是，是对我的攻击，我要保护自己，抵触他。"

我们都听过老师或者家长说孩子不听管教，领导说员工不听管教，这些话很多时候就是指责引起了抵触。防备心态几乎是一种本能反应，要克服防备心态，需要时刻训练和自省。防备心态是一个人给自己的心穿上了盔甲，在你眼里就是他变得冷漠和疏离，好像更不关心你，甚至对你的情绪不理解。这时候，沟通也变得很困难。

一段关系的性质不是由一个人决定的。你和丈夫的相处中，你的感受和他的反应互为因果，很难说哪个是鸡、哪个是蛋。

你比较爱思考，不妨对这段亲密关系进行一些反思：

（1）中国女性觉得"男人应该主动"的还真不少，这是一种偏见，亲密关系要沟通交流，才能确认相处规则；

（2）女人主动没问题，甚至更有效；

（3）除了"主动关心"这个期待，你在亲密关系中还有什么期待？这些期待如果无法在他身上得到满足，那你就要做自我调整了；

（4）你在表达失望和需求时，只针对他的行为。"你这样做让我觉得很难过"就比"你就是一个不会关心人的人！"要好得多。

情绪需要表达。你说他不能理解你的伤心、难过、愤怒等情绪，这些情绪需要表达得恰当、到位，别人才可以理解。

在这里我要纠个偏。好多人认为"我觉得……"就是感受。其实在"我觉得"后面加上的，很多都是自己对事情的评价、观点，是对别人的猜想和假设，甚至是对对方的指责。

这些都不是感受。那什么才是感受呢？身体的感觉，如饿了、冷、热、口渴；心里的情绪，如开心、平静、纠结、难受、生气、嫉妒。只表达自己的感受，不去评价和指责，那么对方就不会觉得被攻击，那你们的沟通就是顺畅的。

情绪表达完了，第二步，说清楚是什么事导致了这样的情绪，为什么这件事会让你有这样的情绪。最简单的，比如"我不开心，因为我没吃饱，没吃饱就不开心"。说完自己的感受，就明确地向对方表达自己的需求，说出自己希望对方具体做什么。

"我想要感受到家庭的温暖，希望你主动关心我，比如，问我为什么下班回家了还嘟着个嘴。"先不说这要求合不合理，但说出来了，双方才有继续聊下去、制订相处规则的可能。

有人会觉得，这就不是真爱了，我不说你也能懂，才叫爱情，才叫心有灵犀，这是言情小说看多了。内心成熟的人，不会吝啬表达情绪，帮助别人了解自己。改善沟通对你们的关系有帮助，这是一个很漫长的过程，但婚姻是一辈子的事，需要努力再努力，才能经营好一段亲密关系。

祝工作顺利！

太行

为什么女人为婚姻心力交瘁，男人却能像没事人一样搞事业

一封关于婚姻的来信。
这是一位非常聪明的女性，
她准确地描述了自己的困惑和思考。

熊师傅：

打算离婚，已分居近两年。

我的点在于，男方愚孝，男方家庭过度插手小家庭。疫情期间他家人站成一排，与我爆发严重冲突后我搬出。对方的点在于，否认与他家庭有关，他家人都是极好的，是我太"作"了，逼得他家人和他凉了心，一切都是我的问题。

男方在分居期间偶尔有些许表示，希望我回去继续凑合。考虑到他父母借着带孩子的理由一直住在他那里，他妹（他妹就是传说中的小姑子，牙尖嘴利，30多岁未婚未恋）借口探望他父母，逢周末必去男方那里，我认为在这样的环境下没法继续。可男方始终不在这个问题上松口，一直坚持我必须同意他妹、他父母继续和我们生活在一起。

熊老师，我甚至找人算过"紫微斗数"（您见笑了，人在最绝望和无助的情况下，有些行为请理解）。那位老师也说，男方和原生家庭极难分离，建议我还是离婚吧。

我也找过特别专业的心理咨询师，两个人一起咨询的，然而并不管用。专业的心理咨询师甚至建议，我可以在每个周末他家人去他那里的时候躲出去，眼不见心静。我感觉被侮辱了。

总之，各种解决途径，各种时间线的延长、冷静，都没有解决问题，反倒把自己搞得身心俱疲，身体也出了状况（我以前身体很好的）。

婚姻，既没有情感支持（每次我倾诉工作上的糟心事，他永远都是"你需要学着做人做事了"），也没有物质支持（我俩AA，生活费他承担得略多一些），还有他家庭的"入侵"（他父母和他妹明知我与他们不对付，还硬要强行加入我们的小家庭，比如在2020年年初的冲突后我搬出，他家人一直住到现在，愣是没有离开，不明事理）。

熊老师，我知道这段婚姻该结束了，可是心里还是很难受，就好像知道会有世界末日的一天，可还是希望那一天晚来，总之就是对最后那个结果的到来，充满恐惧（我工资也不低，可是结束一段我付出比较多的关系，心中还是不舍，理智已经告诉自己，放弃吧，可情感上还是想多撑一会儿）。

熊老师，想听听您的建议和想法。

另外，男人真的是"大猪蹄子"吗？为何只有我为这段婚姻心力交瘁，他却似乎没受什么影响？他（没出轨）仍然一门心思拼事业。男人是怎么做到的呢？为何只有我被困住了？是因为我付出的多吗？我自认不是恋爱脑。

K

K：

你好。

这段婚姻其实在你决定搬出来的时候就已经结束了，剩下的都是挣扎。这两年的挣扎其实也不是坏事，因为在这个过程中，你能把自己看得越来越清楚，你对这段婚姻的复盘非常深刻，自己分析得也不错了。我来帮你分析一下，为什么在冲突当中你会输吧。

首先就是客场作战，以少打多。

冲突的导火索是你的小姑子，她和你没有任何血缘关系。在很多时候，小姑子对嫂子都有隐隐的嫉妒之情——尤其是那种从小仰慕哥哥的妹妹，对嫂子敌意最大。

和小姑子争吵你赢不了。在那栋房子里，她的父母、哥哥都在，都是至爱血亲，你身边就一个老公，还是那种关系已经出现裂痕的人，你看上去是在自己家，却完完全全打了一个客场。吵架、冲突，最重要的是身边要有自己人，不然气势上就被压倒了。

其次，情绪在技术面前赢不了。

你是带着情绪在吵，对方完全没有情绪，可以全力放在技术上。什么是情绪？情绪是这样的："这是我的家，你为什么挑衅我？""老公你说句话啊。""好啊，你们一家人联合起来欺负我。""那我走！"

什么是技术？技术是这样的："说这句话她心里更气。""下面这句话，我直接就能让她夺门而出。"明白了吗？你在情感驱动之下，冲突的每一秒都在内耗，靠肾上腺素支撑着，对方则是怎么解恨怎么说，完全没有顾忌。

如你所说，你对这个家付出很多，家里的瓶瓶罐罐、一草一木，都是你精心安置的，夺门而出一定是受了很大的委屈。遗憾的是，夺门而出这种策略，只有在门里仍然有一个很在乎你的人的时候，才是有效的，但那扇门里，似乎已经没有这个人了，也许他曾经是，但现在已经变了。

离开家之后，男方发现你似乎是可以取代的。我们看看你先生后来的做法，他偶尔提出让你回家，这种邀请应该是真心的，但是你没有回去，因为他没有准备一个解决方案。你的要求是两代人分开生活，这个有额外成本，但你已经搬出来了，和分开生活的花销差不了太多。

经济上，估计你们负担老人单独居住（哪怕是同一个小区前后楼）还是没有大问题的。你说老人在帮你们带孩子，这其实是男方的底气所在。一个妻子对男方的意义在哪里呢？密集情感支持、稳定合法的性、养育孩子的主力、分担经济支出、得到生活照顾。情感、养育、照顾、分担经济压力，他的父母似乎都能够给予支持，这就是他可以不退让的关键——家人帮忙，他根本不用受养育孩子和料理家务的苦，那他为什么还要去恳求你，让你回到家里来呢！要知道那意味着新一轮冲突。这个房子在你不在的时候形成了新的平衡，这就是你觉得自己已经无法回头的原因。

对了，顺便说一句，男性和女性对家庭任务的看法是不同的，比如在妻子眼中，看到丈夫什么也没干，下班就在屋里打游戏，她觉得丈夫没有负担家庭责任。但是在丈夫眼里，他妈把一些活儿都干了，他觉得这就是他把活儿干了。如果妻子督促他做点什么，他就会觉得不可思议。

但是妻子会觉得，你是你，你妈是你妈，你妈不能替代你来分担你该做的事情。K，你应该有很多的不甘心吧，你说还想再撑一会儿，其实就是这种不甘心。婚姻以女性搬出去结束，女性的感觉往往会特别糟，因为觉得自己被赶出了家门。如果是男性主动离开，那女性往往在心理上会舒服一点儿。

既然想离婚，那其实可以开始行动了，因为现在的离婚周期比较长，协议离婚要谈协议，协议达成之后，要启动30天的离婚冷静期。诉讼离婚,普通程序是 6 个月,一审是可能不会判离的,判完之后要过 6 个月才能再次提起离婚,然后可能又是 6 个月。一般来说一年半能离清。

你可以开始准备离婚,在这个过程中,你会频繁地跟孩子爸爸接触。你们可能会发现很多关于你们相识相恋的东西,这些东西也许会触动他,也许会触动你,也许你们都早已波澜不惊,但无论如何,这是一个了断的过程。

我要提醒你一句,你搬出来两年了,这对你争夺孩子的抚养权是很不利的。不知道你家孩子多大,一般来说,孩子足够大了,法官会问孩子愿意跟谁,如果还小,那往往就是谁抚养得多,孩子就跟谁。由于孩子这两年都跟着奶奶,那男方可能就会拿到孩子的抚养权。

关于财产、房子、抚养权,建议你早做打算。已经两年没有一起生活了,男方到底有没有别的女人,其实不好说。关系已经破裂了,也不用去查他、跟他、抓他,他就算是有外遇,分家产的时候也没有净身出户这种事。所有的净身出户,其实都是男方为了快点走而让渡了自己的财产。

不过确实有些男性,是可以只忙事业的。亲密关系在许多男性那里,只是他幸福拼图上的一块,有了更好,没有,他也可以先把别的块拼上去。但是对很多女性而言,亲密关系是她们的一切,她们天生就温柔敏感,对"爱"这个字更在乎、更迫切一些，这其实是上千年来社会对她们的一种期待，最后就好像变成一种性别特质了。如果从小培养一群小男生，告诉他们："你存在的意义就是被女子爱。"那他们也会变得多愁善感的。《大明宫词》里武则天有一句台词："把男人放在女人的位置上，他就成了女人。"

K，你有自己的工作，收入也不错，肯定也受过高等教育，但你仍然要去对抗这种从小存在于脑海中的性别期待，辛苦了。你肯定不是恋爱脑，不要责备自己了。一个理想状态是，女人也像男人一样，有一个庞大的关于幸福的拼图，那里面有事业、爱人、儿女、兴趣爱好，女人和男人如果能像两个男人那样去相处，那样关系可能会更加长久一些。

如果确定要离婚了，那就好好准备离婚的事情，有新的困惑还可以继续给我留言。希望你能幸福，如果不在这一段婚姻里，那也会在不久的未来。

太行

附言：

你是一个非常善于自省的人，这种人有时候容易责备自己。

你去找人看"紫微斗数"，也知道我反对迷信，就先向我道歉，其实没有必要的。我反对迷信，反对的是玩弄迷信手段、用迷信骗取钱财的人，我怎么会去谴责和嘲笑一个心里苦得很、需要"紫微斗数"来获得一点安慰的人呢?

但我还是要说一句,保护好自己的钱财。"紫微斗数"的价格都不便宜,而且有些"婚姻挽回"之类的服务更可能是诈骗。至于婚姻咨询,从业的咨询师良莠不齐。而且我一直琢磨一件事,就是什么人能做婚姻咨询师。婚姻幸福的人,她没有见过一些最凶险的局面;婚姻不幸的人,自己都没经营好,怎么去指点别人呢?这也是婚姻咨询和普通心理咨询相比,更容易受争议的地方,所以觉得效果不好,不咨询也罢。毕竟离异之后,要用钱的地方很多。

珍重!

老公说你幼稚你就提离婚吗

> 结婚半年就陷入了零交流的处境,
> 夫妻之间到底发生了什么?

熊老师:

我终于跟老公聊天了。其实结婚才半年,但已经是零交流了。他说我太幼稚,不懂人情世故。我说我也很难过,可能我成不了他欣赏的那种懂人情世故的女人。

我问他为什么不爱跟我交流,他说什么事都得他提醒了我才去做,他累得慌。他指的主要是我不会跟公公婆婆来事儿。我也很想改变,但好像很难。我说要不然就到此为止吧。他说我太幼稚了,竟然还有离婚的想法。

熊老师,我怎么才能摆脱幼稚呢?

F

F:

你好。

这不是幼稚的问题,你老公说你"幼稚""不懂人情世故",

都是指责。我们不鼓励这样的沟通方式。更好的方式是回到过去的某个场景:"咱妈说……,你当时就回了一句……。""我觉得你回复得太粗暴了,我心里很难受。""如果你能……不是更好些吗?"

如果他不指责,而是认真描述自己的感受,那你就不会那么生气了。但即便是指责,毕竟也是交流与沟通,比零交流要好。他并不是完全不想交流,他提出了自己的期待,希望你改变待人接物的态度。只是你直接跳到了"离婚",这看上去豪气冲天,但其实是你的思维过程被自己扭曲了。

有心理学家把这类思考方式称为"扭曲式思维"。扭曲式思维有三种形式:不恰当的概括、非黑即白和大祸临头的感觉。首先说不恰当的概括。老公说你不善于处理人际关系,这时候你的回答可以是:"那你能不能仔细说说我的问题到底在哪里呢?""你能不能接纳我、帮我处理这件事呢?"把你老公提的意见等同于"你在攻击我",就是不恰当的概括。

其次说非黑即白。"你批评我,就一定不爱我。""你对我有意见,就一定是嫌弃我。"非黑即白、非好即坏,是孩童式的思维方式。动画片和童话故事里的好人和坏人就是脸谱化的。但我们与别人的关系,不是非好即坏的,对方对我们有一点不满意,并不等于全盘否定我们。当你老公提出希望你改变的时候,你只提供了一个选项给他:离婚。这对他也是一种伤害。

最后是大祸临头的感觉。灾难化思维会放大事情的重要性，你老公只是在抱怨发牢骚，并没有提到任何与你分开的想法，但你可能就会想："他应该是不爱我了，他会和我离婚吧。"这就是把一件小事放大成大难临头。

他想解决的是单一事件，而你直奔"斩草除根"。这就是夸大了事情的重要性。我们还是小孩子的时候，有时候容易有点儿扭曲式思维的倾向，喜欢把话说死、说狠，听见点儿什么消息，就把自己吓得不行不行的。有过扭曲式思维的人，成年之后身上还会有痕迹。

我给你提供一个简单的自检方法，如果你经常说以下这几个词，那就要注意了。

1. "总是"

扭曲式思维的人爱用"总是"这个词，特别是以负面的方式使用它。"你总是迟到！""你总做这种事！"这是不恰当的概括。这样形容别人的行为或性格，我们就忽视了他的其他特征，也否定了他将来改变的可能性。

2. "从不"

这是"总是"的反面,依然出现在负面语境里。"你从不在乎我!""你从来不知道怎么让我高兴!""我从来做不好这件事!""从不"可以消除质疑的声音,但也消除了对未来的希望。这种说法会损害亲密关系,也特别容易让人自卑。

3. "一点儿都不"

当我们把一件出问题的事,泛化为"生活一点儿都不好"时,生活就会变得苦不堪言。当我们把自己的一个缺点,泛化为"自己哪里都不好"时,这就会变成自我实现的预言。

"这个工作一点儿都不好!""你一点儿都不在乎这个家!"当我们将部分问题变成整体问题的时候,部分就被忽略了,我们只看到我们想要否定的全部。

4. "再也不"

我们经常会在恋人的吵架里听到这个词。"你再也不爱我了!""你再也不给我买花了!""他再也不会对我那么好了!"当我们认定以后只会发生坏事时,即使好事发生了也会被过滤掉，只记着坏的。

在你与老公的沟通中，你可以学习照顾他的情绪和感受。话其实可以这么说——"我确实不太懂人情世故，辛苦你了。希望你多给我一点时间去习惯，我做错的地方，你私下要告诉我。我会尽力从一点点小事做起。""亲爱的，余生请多指教。"

祝你努力精进，在亲密关系里继续成长。

太行

| 不完美关系 |

开始装修后，
我决定化身为"恶鬼"

收到一位朋友的留言，
讲的是家里装修的糟心事，拿出来讲一讲。

熊师傅：

我家新房装修，婆婆找了她堂弟来负责，我老公喊舅舅的，关系走得不太近。这个舅舅家里什么装修材料都有，让从他那里买，他找人施工。

现在刚开始贴瓷砖，我发现他家瓷砖比市场同款贵，后期的板材、木地板都要比市场价贵，我跟他讲价钱，他就说："舅舅不会坑你的，网上你看的可能是假材料。""我找人给你装修好就行，不要纠结这些小钱。"

瓷砖贴得不通缝不好看，我老公也不好意思让工人重新铺。我算了下总材料，比市场价总共贵了7000多元，后面施工阶段我不想找他装修了。老公和婆婆不同意，说日后不好相见。

我该怎么做才能既不找他装修又不伤害这个亲戚关系呢？请

熊老师帮帮我。

T

T：

你好。

建筑和装修，是一家的大事，直接关系到生活质量和幸福感。夫妻两个人自己弄装修是最好的，一旦有长辈介入，那麻烦就大了。

我先说明一个很重要的认识，明白了，万事都会迎刃而解：装修争执和审美无关，只和家庭权力有关。好多人家里装修都吵架，其实不是公婆的审美老派，也不是"迷信"熟人，就是家庭领导权的争夺。是夫妻两个人掌权，还是要受到公婆的控制，装修的时候让一步，未来就还要让很多步。

建筑自古就是国家大事，秦始皇建陵墓和阿房宫，间接导致了国家的灭亡。今天在城市里，不需要自己盖房子了，那装修就能体现一个家庭里真实的权力状态，谁能把自己想要的瓷砖贴在想要的位置，谁就是这个家里说了算的人。下面说一下装修的三个要点吧。

1. 装修要用自己人

施工方要尽量用自己人，你花钱雇他，他自然就听你的。你婆婆在这件事上想得很明白，她让舅舅来帮忙掌管装修，这个时候，舅舅就是婆婆的人。你说舅舅平时跟婆婆走动很少，婆婆应该也没有谈论舅舅的工钱，那婆婆一定就默认了舅舅在材料的采购上揩油。

最优做法是，在婆婆希望请舅舅负责装修的时候拒绝，然后找正规的装修公司；次优的做法是，如果不能拒绝舅舅的加入，那就想办法把舅舅变成自己人。跟舅舅协商工费的问题，明钱雇他，保留尾款，他就会听你调动。倘若不提工费，他自然会想办法揩油，揩了你的钱还不说你好，他只承你婆婆的情。

2. 该吵的架不能省

装修不是请客吃饭，你可以是挑剔的、苛刻的、狂暴的，唯独不能是温文尔雅的。你可以给工人买水送烟，对他们的辛苦加以抚慰，但是对于他们的糊弄、偷懒，一定要暴击。

这种比较草台班子的装修队，看人下菜碟非常厉害，你不盯紧他们，他们就会糊弄你。这个时候你要硬气，比如瓷砖贴得不好，直接拿着水平仪、盒尺之类的"杀"过去，指出他们的失误，勒令他们返工，要求他们自己承担损失。提示一句，工具自己带，网上的盒尺，有专门不准的，就是为了多结工钱。

可别觉得差劲的装修师傅是"狗屎"，不踩就拉倒了，他们是"恶狗"，会蹬鼻子上脸，咬了你还恶心你。如果觉得有的货是假的，你就自己拿去检验，如果确实是假的，那就直接把舅舅和工队都换掉——我们不故意找碴儿，但是卖假货给我们，这亲戚也就做到头了。

别怕吵架，舅舅去跟婆婆嘀咕，告你的状，那就要跟舅舅吵：你拿我的钱，就要听我的。这个舅舅，是家庭权力争夺的前线，你不能退，如果他家这些莫名其妙的亲戚知道你的钱好骗、你软弱好欺负，那未来还不一定出现什么样的"吸血鬼"呢。

因为装修而吵架，没有那么失礼。装修的时候人都很暴躁，吵完了继续干活儿，等到完工了，跟舅舅说几句场面话，吃个饭，敬个酒，就和好了。现在吵架，是为了今后不吵架；现在吵小架，是为了日后不吵大架。利用装修一战成名，让夫家那边的亲戚知道你不好对付，就没有后患了。

3. 拉一打一团结

婆婆的身份比较特殊，一方面，她希望利用装修来控制儿子和儿媳，另一方面，她也和儿子更亲近，所以要拉一拉、打一打，以团结为主。

时常陪婆婆来工地转一转，发点图给她，让她觉得自己在接受汇报，你可以跟她分享一部分权力，但是不要把权力出让给她。比如在卫生间加装一些方便老人使用的扶手或者其他无障碍设施，主动提出这是为长者来访时考虑的设计，她就会觉得很暖心（这事花不了多少钱）。

在和舅舅发生争执的时候，不要把舅舅算成婆婆的人，而要把婆婆算成自己的人。你如果利用舅舅的失误去问责婆婆，那对方一定就和你对立到底了；如果你愿意和婆婆一起商量如何收拾舅舅造成的烂摊子，那这局面就会有利得多。

对了，老公更是需要争取的人。只要他坚决站在你这一边，就什么事情都好做了，把他拉进来，一起分担装修需要做的工作，要一起学习、做笔记，这也是增进夫妻感情的一种方式。男人的工作没那么忙的。

最后说一下，装修是大事，认真装修恶心仨月，不认真装修恶心十年；但装修也是小事，如果装修得不好，该重做就要重做，最多是跟邻居道个歉，说工期要延长了，您多担待。不要脸皮薄，没有不装修的人家，脸皮这东西生不带来死不带走，又不能攒出利息来，该用就要用。

今天的年轻人入住新居，和上一代人已经不一样了，五年、十年之后，这套房子可能就会出售，或者因为用途改变而重新装修，它也只是一个工程而已。不要把装修本身当作一切，在装修中争夺家庭的话事权，巩固夫妻关系，才是最重要的事。毕竟我们不是为了壁纸、瓷砖、吊顶和橱柜活着，而是为了自己和身边所爱之人！

祝工作顺利！

太行

| 不完美关系 |

"翁婿之间必有一战"，
是真的吗

收到一封关于翁婿关系的来信，
正好跟大家聊聊家庭话事权的问题。

熊老师：

我是"关系攻略"和"职场关系课"的老用户。

孩子出生后，妻子的父母来帮我们带孩子，很多矛盾难以避免。岳父性格不好，发脾气不受控制（当着孩子的面给我摔过碟子，争吵中有过威胁我人身安全的言语），在孩子和妻子生病时坚持己见，完全听不进我的意见。

妻子产后急性乳腺炎，他责怪我照顾不周导致妻子生病，还非要说是感冒，为了避免去发热门诊隔离治疗，还让我购买感冒药和退烧药自己治疗。我没办法了才找医学院毕业的小姨子协调后去了医院，拖下去后果无法想象。

我们的宝宝生病时，吃不吃药他都要坚持他的意见，我说的他完全不听，还说我不会带娃，他们经验丰富。宝宝发烧时，提出擦酒精的是他，坐船时提出贴晕车贴（含东莨菪碱，6岁以下儿童禁用）的也是他，盲目自信，固执己见。

我觉得这种关系自己受不了，与其疲于应付，不如相互避免生活在一起，减少接触。这样距离产生美，还是客客气气的一家人。但我得不到妻子的支持，她总觉得她父亲可以帮我们带娃，还举出各种理由坚持生活在一起。我想听听熊老师的建议，都有哪些解决的方案。

我们平时工作忙，但家庭年收入稳定在 50 万元以上，生活开支不大，再租一套小两室、请保姆都是承担得起的。但是苦于没有好的解决方案，同时又能得到妻子的支持。希望熊老师能在百忙之中帮我拆解一下这个难题。

Y

Y：

你好。

先得称赞一句，这两门课你应该是看进去了，听进去了，你已经做得很好了，你现在需要的是更加坚决大胆的行动。什么行动？和你的岳父争夺家里话事权的行动。岳父岳母在家里帮忙带孩子，没有功劳也有苦劳，不过咱们实实在在说一句，大多数"老两口帮忙带孩子"，其实都是老太太出力很大，老头指手画脚。有的爷爷或者姥爷，根本就是生活不能自理，才被老伴儿带在身边，这种本领平平、极度自信、脾气还不太好的老爷子还有不少。

在这个家里,谁是你的对手?老丈人。谁是你的伙伴?妻子。谁是你可以团结的对象?丈母娘。可以联结的外援还有一个,就是你学医的小姨子,请她用专业身份来发言,这一招用得很好。

从孩子出生到上幼儿园,这段岁月比较难熬,工作压力大、开销大,还必须有人全天候照顾孩子,把孩子完全交给保姆很多家庭确实不放心,而育儿嫂的服务质量确实也是一言难尽。岳父岳母来了,虽然是两家人(没错,公婆和小夫妻也是两家人),却要生活在一个屋檐下,所以请记得以下几个要点。

1. 把感激挂在嘴上

他们是来帮忙的,而且肯定比公婆过来和你妻子相处要方便一些。多说一些感激的话,总没有错。

2. 把争斗记在心里

别引发那种无谓的冲突,比如老头愿意评价国际大事,愿意显得比你厉害,随便,由他,但是事关孩子的利益,寸步不让。比如酒精、晕车贴这类情况,无论是偷偷拿下来也好,还是据理力争也好，不能让他舒坦了，要去斗争，话说得特别客气，态度柔和，但一步都不退让。

你说老爷子的情绪容易失控，这个可以提醒一下你妻子，甲状腺功能异常、糖尿病、双相障碍和脑部病变都可能造成这种暴躁。他越是暴躁，你越要认真地讲道理，等他逐渐发现在育儿和健康方面控制你会遭到你的对抗时，他就会想办法退到一个相对舒适的领域去发表意见。

3. 把感受说给伴侣

这个非常重要，要多和妻子沟通，你建议和岳父母分开居住，这个提议非常好，妻子不能理解，那你沟通的时候，就要注意技巧。比如你一定要跟她说，起争执的时候，应该站出来支持你，而不是坐山观虎斗。你可以这样说："他总要拿主意，但有些主意会让你和孩子陷入危险当中，我希望你能在这种事情上支持我。"

对了，育儿方面，我推荐的是松田道雄的那本《育儿百科》，这是现代医学结合东方饮食习惯，我是觉得遇事不决用《育儿百科》会比较好。夫妻两个达成一致，就用这种权威书籍来对抗老爷子就好了。

如果你的妻子从小就很畏惧父亲，那就可以从育儿分歧入手，鼓励她为了孩子的安全对抗父亲的控制。如果你的妻子从小比较得宠，没有那么畏惧父亲，那很多你想实现的提议，要让她来提，避免你和岳父直接冲突。当然了，有条件分开住自然是最好的了，哪怕在一个小区里，也比在一套房子里强。

"距离产生美，还是客客气气的一家人"这个提议是很好的，但是你可能要多跟妻子做一些解释。你妻子从小和她的父母一起生活，她适应了父亲那种事无巨细控制别人的风格，所以觉得可以忍受。你要告诉对方你的为难之处，比如，"他说的那些威胁人的话，真的让我很伤心。""他每天骂我，让我非常苦恼，我每天都睡不好。"

撒娇男人最好命。男人也要示弱，要让妻子来安抚你。要时不时地让她感受到，你是为了安定团结而委曲求全，一切责任都在岳父方。当然还可以用现实条件来敲边鼓："孩子逐渐大了，三代人住在一套房子里，未免也太拥挤了，孩子应该有一间自己的儿童房。""住得这么近，夫妻生活都会受影响。"

听你所说，岳父岳母应该是家在外地，所以让他们搬到另外一套房子里可能会造成他们回家生活。你要做好这个准备，他们用撂挑子威胁你，你要自己有办法把孩子带了，不能让妻子来承担这些工作量。

4. 把收买付诸行动

人都是喜欢"贿赂"的,首先要维护好妻子。偶尔出现的小礼物,会让对方觉得非常惊喜。周六日给岳父岳母放假,和妻子带着孩子出去玩,把妻子拉在自己身边,还可以避免和老丈人见面。

岳母要维护好,丈母娘疼姑爷,因为她知道姑爷拉拢好了会对自己闺女好。同样,姑爷如果孝顺丈母娘,那在家里再次发生争执的时候,老太太的立场可能就会有所改变。

小姨子也可以通过妻子多关心照顾一下,请她来做一些健康类的说服。

5. 把自己放在家里

这是一个小窍门,能够让你在自己家获得优势。在家里,要尽可能摆放有你痕迹的东西,比如展示柜上有一个你获得的"先进工作者""优秀员工"的奖杯,墙上有一张一家三口(对,必须是三口)的合影,你无处不在,就会给老丈人以压力。

想想看,他把你臭骂一通之后,你上班去了,对着PPT和邮箱还可以发发呆,他在这家里一坐,你的眼睛无所不在,随时提示他在你的地盘上,他的士气也会变得低落下来。这就是主场优势。

最后安慰你一句：Y 同学，有不想掌权的老丈人，但是很少。我也有一个女儿，我能理解一些只有女儿的父亲那种"果然家里还是要靠我，我保护了这个家"的那种悲壮感（基本都是自我感动）。我有个朋友的老岳父是刚退休的单位领导，各种批评女婿；有个朋友的老岳父是中学教导主任，总觉得女婿和女儿是早恋，恨不得罚站才过瘾；甚至还有一个朋友的岳父是退休的监狱长，他总觉得女婿是戴罪之身，得改造才行。

家家有本难念的经，时隔多年回头看，那些也只是一时一地，云淡风轻而已。结婚是两个家庭的联盟没错，但首先还是两个人的关系，不爱了，说什么都没有用。多跟妻子表达爱意，认真沟通，陪伴孩子健康成长。

跟岳父说到底还是要团结，毕竟——他的女儿是你的妻子，她的幸福，是你们俩的最大公约数。最后，希望孩子成年之后，我们能不变成这样固执的老年人，我们对他们要更尊重、更体谅，要更多爱他们。

祝工作顺利！

太行

两口子必须吵架吗

> 说说 K 兄的家庭冲突。

有个朋友 K 兄来拜访我,说到家里的一点烦心事。

6 岁半的儿子对他说:"爸爸,人活着没有意思,真痛苦。"K 大吃一惊,细问起来,才知道孩子被妈妈骂得太凶,这些天郁郁寡欢。妈妈的情绪很容易失控,这些年,孩子都是这么长大的。但是最近妈妈的工作压力很大,公司可能会裁员,所以脾气格外坏了一些。K 一气之下对儿子说:"爸爸带你走吧,去一个没有妈妈的城市生活。"儿子看了看他,摇了摇头,毕竟是自己妈妈。

K 是一个性格温和、不愿意跟人起冲突的男人,这么多年一直都习惯了让着妻子。但儿子的话把他吓到了,他联系了律师,心想不如索性让律师跟妻子谈离婚好了,但最后还是决定先来和我聊聊。

我跟他聊了聊,劝他回去和妻子吵架。这不是挑唆别人家庭不和,两个人要想真的成为牢不可破的联盟,可控的吵架这个过程必不可少。两口子为什么要吵架呢?再情投意合的一对,也是两个人,而不是一个人。只要是两个人,就至少有两个想法,但是成了一个家庭，两个想法的两个人就要一起行动，这说明什么？至少要有一个人改变自己的想法，或多或少地去迁就另一个人。

这种迁就，在热恋的时候简直不叫事儿，都是自然而然发生的。你爱她，自然就听她的安排；她爱你，那可能拿着菜单都不点她想吃的，而是一脸痴迷地说"听你的"。开始过日子之后，激情会逐渐褪去，人就开始更多地考虑自己的感受。这个时候，没有不冲突、不争吵的。

一对不争吵的夫妻，极有可能是有一方处于长期压抑、克制自己的状态，这种关系非常危险，而且只怕难以长久。可控的吵架是交换世界观、交换生活观、磕碰各种生活习惯的一种方式。早碰早好，晚碰晚好，不碰肯定不好。

夫妻当然要追求和睦、客气，能不吵架自然是最好的，但是倘若把不冲突、不吵架当作最高目标，并为之压抑自己，那只怕还有更大的麻烦在前面等着。你们最终迎来的只有一种生活，两个人戴着两个面具，没真情实感，也就没有一句真话。

K兄是比较宠老婆的那种男人。别提骂人打人了，就算跟妻子说一句重话，都要嘀咕很久。他跟我说，妻子从小被岳父岳母管得很不自由，很心疼这种家庭长大的她，所以万事都会迁就她。遗憾的是，这种"宠老婆"的行为，本身就是不对的。

主流看法都觉得这种男人是好男人，但是好男人未必能经营好婚姻。"好男人"最大的问题，是会被礼貌、体面捆住手脚，没法表达自己的心声、说出自己的意见，他可能已经有了十分不爽，但到了脸上，就剩了七分，到了嘴里，就剩了三分。倘若不是当面说，而是在电话或者微信上说，那就只剩了一分半。此时妻子就会觉得他一点儿气、一点儿火都没有，其实他心里已经非常难受了。

两口子过日子更像是跳交谊舞，你往后退退退，对方可能就会进进进，眼看着到了舞池边上，那还怎么继续舞下去？男人太宠溺，女人太顺从，都会在夫妻关系当中吃这样的苦头，自己的负面情绪对方看不到，等到被逼到悬崖边绝地反击，又费心力又伤和气。还是应该如舞蹈一般，让进进退退变成两个人相处的日常，用可控的小冲突来取代那种翻脸急眼的大冲突，就好比森林防火，为了防止大火灾，有的时候要放一点可以控制的小火，烧掉枯枝落叶，而日常的争吵就是这种小火。

"发现孩子说这话之后，你跟孩子妈妈谈过没有？"我问 K。

"还没有，我很怕我一说，就捅了一个马蜂窝。"K 说。

"以前有过类似的情况吗？"我问。

"有啊，有次她把孩子带进房间里，关起来骂。我看着太过了，就发微信劝她好好说，结果她出来把我训了一通，说她在管孩子，让我不要干涉她。"K 说。

两口子说话尽量当面说，回避当面交流，在一间屋子里也要发微信，这不是一个好局面。一个人缺乏面对对方的勇气，另一个人不允许对方心平气和地提出自己的观点，那问题也很大了。

别怕捅马蜂窝，先有马蜂，然后有马蜂窝。如果你在第一只、第二只马蜂飞过来的时候就挥手将它们赶走，那马蜂根本就不会做窝。马蜂窝的存在是因为你们的关系里有历史欠债，一次次回避冲突，马蜂窝自然就养成了。古人说流水不腐，户枢不蠹，日常去冲突、去争竞，就不会有畏惧冲突、恐惧对方的局面发生。

"我实在很怕她那种劈头盖脸暴风骤雨般的情绪。" K说。

我特别能理解他的这种选择，现实中希望迁就对方息事宁人的人非常多。夫妻关系当中有，职场交往中，为了逃开对方的情绪发作而委屈自己的人也有很多。

但迁就、让步，只能够获得极其短暂的喘息，对方如果发现你的行为模式是"退缩—让步"之后，就会继续往前进攻（她自己可能都没有这种意识，都是自然而然发生的），这就很麻烦了。别怕捅马蜂窝，要坚韧起来，习惯在枪林弹雨中坚守和作战。

我跟K确认了他妻子的身体情况，如果很久没有体检了，要先查身体。高血糖、甲状腺病变、脑部肿瘤、血管病变都可能造成人的喜怒无常。此外，睡眠长期不佳、工作压力过大，可能也会造成抑郁之类的心理疾病，这些都是需要医生来诊断的。

确认这些没有大问题之后，我劝K不要怕冲突，好好跟妻子谈一下，这是一个好机会。但凡希望在夫妻关系里回避冲突的人，想要他/她为自己的利益去争取，几乎没有可能。回避冲突太久之后，人最先丧失的就是主张自己利益的能力。

男子再弱，为父则强，当你挺身而出，为了保护儿女而跟妻子发生冲突的时候，其实会比维护自己更有勇气。尤其是孩子的心理健康、安全成长，这是"大义所在"，也是大多数家庭能够继续过下去的关键，如果孩子真的想不开了，有什么损失了，许多夫妻关系就会自然解体。

孩子的健康成长，也是夫妻的一个重要目标。所以如果有一个机会来表达你的感受，希望对方收敛自己的情绪，甚至调整自己的行事方式，那这次就是最好的机会。当然了，冲突不是上去莽一把。在一段关系中，一个人如果长期处于下风，想要重回上风，几乎没有可能。我也不会教朋友去压他妻子一头，那不是我们的目的。

在大多数人际关系中，我们不是要从落下风的一方变成欺负人的一方，我们只要变成没那么好欺负的一方就够了。让他/她不能轻易在你这里发泄情绪，不能在你这里随便要到任何条件，而是遇到一堵墙，这是我们努努力能做到的。这堵墙，就叫作"讲道理、求商量"。

别听网上有些人说的，跟老婆不能讲道理。如果你只想交个女朋友，度过一段美好时光，那你可以由着她随便使性子，不提任何道理；真的准备和一个人共度一段几十年的岁月，那肯定是要讲道理的，而且要认真讲、反复讲。我给 K 兄提供了一些小技巧，也分享给朋友们。

1. 一张会议桌

家里应该有一张会议桌，可以由餐桌兼任。两个人认真谈事的时候，到那里坐下谈，认真谈，把这种谈话和歪在床上的闲聊分开。这样两次之后，对方就会明白"哦，他是认真的"，就会认真对待你的提议和意见了。

2. 合理的"贿赂"

提意见之前，可以做足功课，该下厨下厨，该做拿手菜做拿手菜，让她吃好喝好，然后再谈，有道是伸手不打笑脸人，即使是夫妻两个人，"贿赂"也是有效的。下厨的效果比买礼物好，而且成本也比较低。注意不要每次下厨都是为了讲道理，三次里有一次是要认真谈事就够了。

3. 放慢语速

人在争吵当中的语速会变快，这个时候要注意让自己的语速慢下来，不要跟上去。这不是国际大专辩论会，用时完毕也不会有人要你住口，所以对方越快，你越要慢，慢且清晰，这就是坚定的姿态。

对了，所有的肢体冲突、摔东西、砸东西都是站着发生的，所以不要轻易站起来。如果对方站起来，记得请对方坐下。

4. 注意力放在话上

注意力不要放在情绪发泄上，要放在话上。夫妻之间的冲突，不会纯粹是骂街，一般都是先数落数落往事，再总结总结对方的行事规律，然后指责人品、开口骂人。所以要把注意力放在对方评点事情的部分，不断地回到当下要讨论的事情上，把对方拉回来。

5. 提出解决方案

"我想改掉过去的行事方式，你看怎么样？"然后提出方案。"我希望我们在对孩子的教育上能更温和一点，具体说，就是不要动手打他……"

这种吵架方式，非常枯燥，非常不酷。

对，因为跟自己人吵架，你要追求酷，追求口头上过瘾，那一定会有大麻烦，会吃大亏。你吵架封冠之日，就是家庭离散之时。讲道理、重复主张、拒绝对方不合理的要求，提出自己的方案，足够了。和花哨相比，坚韧才是最宝贵的品质，不断地在实战中磨炼自己的韧性，这样才能越战越强。

后来K跟我说，他已经"捅了马蜂窝"。他夫人勃然大怒，把剪刀扔到他面前，让他捅死她。虽然妻子不会有真正自残自伤的打算，但他担心妻子会去公司提辞职，好让他猝不及防一下。

这个场面确实烈度比较高，但是我还是劝K："把剪刀收起来，好言安慰一下，让她好好整理一下自己的情绪，不要被她的情绪带着走。""你可以带着孩子去科技馆、博物馆或者什么地方去转转，告诉孩子说妈妈现在还想不通，等到她想通了，会重新加入我们的。"这不是家宅不安，这是补课，这是重回理性沟通的第一步。无论多晚，都来得及。

PART Ⅲ
人际
有办法

如何成为社交达人

我们说说社交达人为什么一点儿也不值得羡慕吧。

熊老师：

您好。

我从小是个乖学生，现在身处公务员队伍，但是个性太宅了，想多认识一些人。

我观察了身边的人，在我们三线城市，通常社交广泛的人交友的方式大概是：酒局，运动类如乒乓球、羽毛球、瑜伽等，麻将。

我不爱喝酒，之前膝盖在车祸中受过伤不宜运动，麻将要久坐也无法适应。请问熊老师，您认为根据我的情况，有什么拓展交友圈方式的建议吗？

T

T：

你好。

我们身边存在这样一些人，他们看上去左右逢源、呼风唤

| 不完美关系 |

雨，好像有很多朋友，什么事都办得下来。你来信中提到的"社交广泛的人"，应该就是这一类人，你的字里行间，有一点对这种人的羡慕，你给自己的定位是"乖学生""宅"，觉得自己好像不如他们会来事儿，这种自卑感，完全没必要。

我和你差不多，也是一个喜欢独处、不善于在酒桌上争夺眼球和风头的人，但是这并不妨碍我交朋友。最好的沟通是一对一的，大圆酒桌上认识的是一堆人名，只有在小桌上进行不超过4人的沟通和酬谈，才能变成友人、变成人脉。

你在三线城市的机关里工作，你看见那些社交广泛的人，就觉得他们那样才是对的。咱们这样内向慢热的人，好像会落在下风，这是不对的。我给你讲讲社交是怎么回事，你就明白他们错在哪里了。

我认为社交分两种：以兴趣为目的的社交和以合作为目的的社交。兴趣社交，重要的是要早布局。

1. 兴趣能筛选有价值的人

羽毛球、骑行、钓鱼，这些运动都有各自的标签。羽毛球的器械耗材都很贵，场地也不便宜；自行车也是很烧钱的爱好，天然就能筛选出一群有经济实力、事业有成的同伴；钓鱼爱好者是一帮极其有闲的人，他们一出去就是一天，衣食无忧，往往是工作稳定或者已经退休的人。

再比如，对抗性的运动能让你认识一些性格坚韧的人。泰拳或者其他拳击的同好，往往受过良好的教育，对自己比较狠，有追求，未来的前途很可能一片大好。

2. 兴趣社交是跨圈社交

用兴趣可以交到各行各业的朋友。整天跟着同事、同学出去喝酒，是没有办法跨圈交朋友的，因为你接触的永远都是自己一亩三分地的事情，只有兴趣能够把不同行业的人拉进来。

趁机认识点医生、律师、公务员、中小学各科老师等各行业的专业人士，闲里置忙里用。三十岁之前认识的实习医生，到你五十岁需要医生的时候，就变了科室主任，这些朋友要趁早交。你是公务员，别人也爱结交你，不知道什么时候，可能就要问你的主意了。

3. 兴趣社交是跨阶层社交

兴趣社交可能会带来忘年交。这些人可能在自己的圈子里很有实力，倘若你是他那个圈子里的年轻人，也许他根本就不会理你。中年人对有所求的年轻人会非常谨慎，因兴趣而结缘，大家没有利害关系，反而能聊得深一点。

T，你说你看见会社交的人都在打麻将、做瑜伽、打羽毛球，这是兴趣社交，但未必是全部，你能看到这些人在发展这类兴趣爱好，可能是因为这类兴趣爱好更适合发朋友圈。

其实有些兴趣爱好，悄无声息地就能认识很多大佬。我爸有个同事，年轻的时候整天在办公室里写毛笔字，加入了书法协会，参加各种笔会，认识的都是各种单位的领导，后来他当了副厅长。我爸当年一念之差，加入了硬笔书法协会，认识的都是各单位写材料的科员干事（领导一般不练钢笔字），后来就写了好多年的材料——兴趣爱好不同，认识的人是不一样的。

好些社交广泛的人，都是非常肤浅聒噪的，所以才会在酒局和麻将桌上大放光芒。与其去研究他们如何交朋友，不如认认真真探索一下你的领导有什么爱好，有什么兴趣。

如果领导什么兴趣都没有，那他有孩子没有？宅不是坏事，乖学生更不是坏事，蛇有蛇道，鼠有鼠道，如果你从小成绩好，拿过奥数华杯赛金牌的那种，那你现在就是全单位最靓的仔。现在教辅行业政策收紧，你如果能给单位同事的孩子们教奥数，不收钱是不违规——你看看你会不会突然有了很多朋友？领导的孩子是你的学生，只会喝酒混日子的人怎么赢你呢？

兴趣社交之外，还有一种就是合作社交。合作社交拼实力，勾兑人脉，我帮你介绍人、办事，你帮我介绍人、办事，就这么简单。你要是能给别人办事，别人就认你，你什么也办不成，那别人自然不会认你。

有的人在一个比较重要的岗位上，能办事，但是这种人给人帮忙要特别小心，免得越过了政策的红线。有的人看着在一个冷门单位、冷门"衙门"里，但是家里可能比较厉害，他爸、他叔、他大爷、他舅有实力，自然也有人捧着他。

没有实力的人，如果沉迷于合作社交，那只有两种可能。一种人腾挪借势，给人牵线搭桥，偶尔能成一两单，但是自己没有实力，只是来回牵线，最后就会变成"人肉电话号码本"，成为一个职业掮客。还有一种人，干脆就是骗子，他的身世也好，经历也好，都是自己吹牛，说认识谁谁，也都是蒙人的，你真要求到他头上，办不成事倒是次要的，直接卷钱跑了都是有可能的。你可以观察一下那些社交广泛的人，他们十之八九都是吹嘘聒噪的人，他们可能确实认识大佬，可真正的大佬却看不上他们。

合作社交也有一些发展渠道，比如校友会、同乡会和战友会。校友会是最好的合作社交渠道，同样的毕业院校意味着你们之间的沟通成本很低，背叛成本比较高，所以大家能很快互信，如果你一定要去一个酒桌饭局，那我建议你去校友会的饭局坐一坐。如果你不是当地人，那可以去同乡会，同乡会的人就比较杂，不过也可以看看。如果你有在部队服役的经验，那战友也是非常有价值的关系。

无论哪一种社交,其实都是三个过程:"认识人"——"信赖人"——"利用人"。社交广泛的那些人,在两种社交当中,都只能牛在"认识人"的层级上,"信赖人"这件事,需要深耕的关系,其实他们并不擅长;"利用人"则是需要实力的,也不是通过社交技巧能够实现的。

二十几岁的社交广泛的人会有很多热闹,看似如鱼得水,等到了中年的时候,那种性格坚韧、追求进步、人品可靠的人就会在社交场上大展宏图了。

别急。曾国藩说得好,人要在事上修炼。认识了一个人,要和他一起经事,才能确定他的人品。别人需要你帮忙的时候,你的态度如何;别人欺负到你头上的时候,你的反应如何;你如何对待身边的人、亲近的人,这都是别人确认你人品的大好机会。

T,别急。广泛社交的能量,就像是狼牙棒,又大又吓人;"社恐"乖学生的能量,就像是透甲箭,不起眼,但只要瞄准,就致命得多。我们是无法以社交为乐的人,但我们可以把心力聚集在一起,用力突击在主要方向上。这是我们的存活之道,也是我们的取胜之机。

共勉。

祝膝伤早日痊愈。

太行

附言：

社交广泛的人大多迷信酒的作用，认为喝酒才能办事。早几年可能确实如此，不过这几年过量饮酒的行为越来越落伍，越来越吃不开，爱喝酒的人会制造很多额外的麻烦。不会喝，就不用再学了。

| 不完美关系 |

妈宝男自救手册

这是一位自认为是妈宝男的朋友,
他对这种处境充满了羞耻和痛苦,
其实,他是有机会改变的。

熊师傅:

您好,我发现我是妈宝男。我是父母的独生子,但他们的关系一直不太好,我妈所有心思都在我身上。

我 16 岁的时候还和我妈睡一张床。我妈说,她最大的愿望就是在我结婚生子后,帮我带孩子,给我们做饭吃。我看人家描写的妈宝男,很像我。

说出这些事我感到很羞愧,熊师傅,我不想做"我妈的情人",我不想做妈宝男,我该怎么办?

H

H:

你好。

别担心,你不会变成"妈妈的情人"。家庭内的类似关系

（父女、兄妹和母子）确实不少，不过从你的描述来看，完全不沾边。

妈妈确实有控制你的行为，不过从总体上说，她还是把你当作一个小孩子来对待的。不要让那种羞耻感折磨自己了，不过你确实要警惕一点，就是你可能会成为妈宝男。

妈宝男有四个特征，给你一一说一下。

1. 和妈妈"太腻歪"

这里所说的"太腻歪"，包括肢体和心理两方面的过分亲近。和父母亲近是好事，但是这个亲近，应该是彼此有交流，互相很信任，而不是肢体上的过度亲近。

16岁还和妈妈睡一张床，这就是肢体上的过于亲近。早些年的日本也有孩子到了青春期，妈妈和儿子、爸爸和女儿还一起泡澡的事情，这都是不妥的。

现代西方育儿研究早就指出，孩子在出生后两个月，开始与父母分房睡，能帮助孩子发展独立性。但可能是观念原因或经济条件不允许，不少中国孩子是到了上小学之后才不跟大人睡的。

如果肢体亲近的方面处理不好，那成年后的儿子就容易有问题。有的男性很少和自己的伴侣牵手拥抱，但是会牵妈妈的手或者时常和妈妈拥抱；儿子一天给妈妈打好几个电话，汇报吃了什么、几点下班等琐事；妈妈什么心事都跟儿子说，甚至抱怨她与爸爸的性生活。

2. 缺乏界限感

妈宝男的妈妈对儿子的婚姻生活会指手画脚。很多儿子在单身的时候没有意识到和妈妈缺乏界限感（他们也享受了很多便利），女朋友或者老婆一出现，婆媳关系一下子就炸裂了。

我曾经在豆瓣看过一个帖子，楼主说自己婆婆要求小夫妻俩睡觉时不许关门，因为婆婆要随时进来帮他们盖被子。这就是典型的越界，如果你的朋友跟你说，你跟你老婆睡下了，晚上我要进去看看，你一定会怒斥他太变态。而现实中许多母亲却意识不到自己的越界。

3. 孩子过于顺从

妈宝男习惯于接受妈妈的一切安排和控制。这种顺从有两种，一种是妈宝男全方位认可妈妈，即使听到妈妈对妻子提出了过分的要求和指责，也还是会坚定地站在妈妈这边。

还有一种是被控制的妈宝男，儿子也抱怨、愤怒，但是由于从小被管得服服帖帖，所以没有能力和勇气对妈妈说"不"。妈妈不断唠叨、责备、情感绑架，儿子最终会选择让自己或者配偶受委屈，常见的表达是"无论如何她都是我妈"。

4. 爸爸的缺位

妈宝男的家庭往往是"丧偶式育儿"。有的确实是父亲身故或者父母离婚，也有的是爸爸工作太忙不沾家，或者爸爸在家但是不参与养育孩子，还有的妈妈过于强势导致爸爸完全失语。

一个人和自己父母的互动能让我们看到很多东西。如果一个人的爸爸很少被他提及，无声无息，那他十之八九是个妈宝男。

妈宝男想要自救，本身就是一次伟大的觉醒，其中的重点就是建立与妈妈之间清晰的界限，拒绝妈妈的干涉，具体可以按如下方法去做。

1. 你可以向爸爸、其他长辈、外界求助

你需要母子关系以外的力量，作为一种拉力或阻力，帮你摆脱紧密的母子共生关系。你自己的力量可能不够，你可以尝试主动靠近爸爸，与爸爸多沟通，建立更深的连接；多与其他亲戚长辈或者老师等建立更深厚的关系。

同时你要建立自己的社交圈子，朋友会给你很多反馈。比如

妈妈要求小夫妻睡觉不能锁房门，当你跟朋友沟通后，朋友吃惊的反应能让你意识到这不对。总之，增加对自己所处环境的理解，对于你摆脱母亲的控制有很大的帮助。

2. 尽早离家

你离开家，妈妈还是可以远程关心和干涉你，但离家能增加妈妈控制你的难度。比如，你们不是住在同一屋檐下，你可以不向她汇报行程，这样妈妈无法时刻监控你，就能逐步拉远你们的距离。

3. 主动划清界限

避免成为妈宝男最主要的方式，是与妈妈保持恰当的界限。你要告诉妈妈，她可以关心你，但她无权管控你。

我们在卧室、洗手间里所进行的一切，大部分都属于隐私。除此以外，你交友、手机、日记、电脑都是自己的隐私，可以理所应当地拒绝与妈妈分享。

以下这些拒绝的话语，你可以多多练习：

（1）我已经长大了，不再需要全方位的照顾，请放手让我做个大人吧；

（2）我会解决自己生活中的困难，如果我需要帮助，我会找你，你不用主动帮我考虑我需要什么样的帮助了；

（3）请不要把我当成小孩一样指责和批评，我需要有自己反思的空间和机会；

（4）请尊重我的空间，包括给我犯错的机会。

说"不"的过程很艰难也很辛苦，甚至可能矫枉过正，显得很叛逆。而且这个过程还会让你和妈妈都感到受伤，这时候你就需要求助专业的心理咨询师了，不要硬扛。

说话可以委婉、含蓄一点，比如妈妈还要牵着你的手，让你觉得不舒服，那就要直接表达出来。"妈，别这么拉着我。"别等她去挖掘这里面的复杂含义，就跟一句，"让我搀着您吧。"等妈妈变成一个文化意义上的"老太太"，你们肢体上的亲近是可以逐渐恢复的。此前，你必须经历这个艰苦的、长大成人的过程。

祝工作顺利！

太行

| 不完美关系 |

不帮你吵架的室友，
就是塑料姐妹花吗

大学里的室友，有时候关系会特别微妙，
说说一个女生宿舍的争吵。

熊师傅：

您好。

我是女生，在上大学，我们寝室一共 4 个人。我感觉我跟寝室里两个女生的关系是比较好的，平时有说有笑，每天上课吃饭都在一起，我们甚至会聊到将来谁结婚要去做伴娘之类的。

但同寝室的另一个女孩，经常晚归打扰大家休息，我俩因此发生了一些争执，吵翻了好几次。让我有点难过的是：当我跟对方吵起来的时候，那两个口口声声要互相做伴娘的女孩都在场，但她们都一言不发，之后也没提过，就好像这事没发生过一样，让我有点寒心。

这样的室友，是不是不应该再继续深交下去了？

D

D：

你好。

跟同学和室友相处，是一个世界难题，因为你们所处的环境非常特殊。

1. 面积狭小

地方太窄，人容易暴躁。

2. 无处可逃

和父母发生冲突还可以逃进自己的房间，在宿舍争吵了，只能钻进自己的被窝睡觉。

3. 多边关系

一般来说宿舍至少有 3 人，4~6 人规模的宿舍居多，复杂的多边关系让许多聪明人都很难应付，更何况刚离开家的大学生呢。所以，处理不好宿舍里的关系，不是你笨拙，而是天下的学生都要面对这样的困扰。大家都是在斗争中收获经验，在斗争中达成妥协的。

你看见"未来伴娘"突然变成了"塑料姐妹花",你觉得很难过。这只是一个开始。日后的学习、工作中,你还会遇到大量言行不一的人,要做好这种思想准备。这两位姑娘没有响应你,其实一点也不奇怪,而且还存在这三种可能性。

1. 她们可能确实不善于争吵

有的人从小很乖,不会粗声大气地跟人说话,这种人不是吵架的好帮手,但事后安慰安慰你,是做得到的。

2. 她们可能不愿意得罪讨厌的人

你说和你争吵的人触犯众怒,但是每个人对噪声、打扰的忍耐程度不一样。如果那两位姑娘是喜欢晚睡的人,也许和对方的冲突没有那么大。

3. 你们的亲密值是虚高的

这是好多刚走入社会的人最容易犯的错误。不是住在同宿舍就能自然成为朋友,你们只是室友。要成为朋友,需要很多深入的交流,需要彼此喜欢,需要双方付出努力。

室友确实容易让你迷惑：你们可能一起行动；你们可能一起吃饭；你们可能睡前还在聊天；你们可能会谈论你们喜欢的人；如果你生病或者有危险，室友可能会帮你的忙。

你们其实更像是旅伴。如果出去旅行过就会知道，越是深山、偏远地区、无人区，旅伴之间就越亲近。大多数室友都不是自己选择的。你们住在一起，可能觉得是有缘，但更大的可能仅仅是因为学号挨着。"感谢天，感谢地，感谢宿管科让你们相遇"。

你说你们每天一起上课，一起吃饭，天天有说有笑，是因为你们都需要这样的氛围。刚开学的时候，大家就会打造一种"高仿"友谊，随着时间的推移，有的会慢慢变成真友谊，而有的就会逐渐破裂。

别觉得人类虚伪，我们要显得亲热，无非是年轻的时候害怕孤独罢了。所以，你的社交，最好不要禁锢在这间小小的宿舍里。参加学校的社团活动，出门去麦当劳打份工，跟不太熟的同学一起参加社会实践，都能收获新的朋友。

即使跟同宿舍的同学相处，真正增加友谊的时刻也是在宿舍之外。分享秘密和心事；自曝一点感情史；难过了一起抱头痛哭；寒暑假的时候去对方的家乡玩，也邀请对方来你的家乡玩……都是增加个人感情的好办法。

本身没有血缘关系，又没有一起经历过很多事情的话，真的很难说你们的关系有多亲近。你可能会说"我是真心把她们当好朋友的"。你想怎么样和世界会怎么样,是两回事。所以,如果你决定谴责一个晚回宿舍打扰大家的人,最重要的是私下讨论。"我觉得那谁谁挺过分的,我想晚上跟她提意见,希望你们到时候支持我,行吗?"这个准备工作不做,突然把她们拉进争吵,谁愿意打这种令人措手不及的仗呢?她们只会想,等等看吧。

如果换作是你遇到两个室友吵架,你该怎么做呢?为关系好的朋友出头,一起帮着吵,当然可以。但是争吵的目的是改变对方的行为,如果变成对骂,那就毫无意义了。在同一间宿舍住,你总有睡着的时候,遇上走极端的室友,关系闹僵了,有用铁锤锤室友头的,还有给室友的饮水机里下毒的——不应该让自己和朋友都陷入危险当中。

你可以打圆场,给双方台阶下:"亲们,明天早晨有课,先睡觉吧。""明天晚上咱们一块儿出去撸个串,我请客!"如果吵架的一方明显和自己的关系好很多,还可以这样做:"哎,×××你陪我出去晒个被子/晾个衣服/买个夜宵……"找个理由,先把争吵的双方分开。

如果你的朋友责怪你不支持她,你可以私下和她说:"道理讲完了,再吵下去就是骂人了。""叫你出来是为了让你散散心、透透气,跟这种人生气不值当的。""她已经很不爽了,你占了上风。但都在一个屋住,咱们心里有数,不跟她一般见识。""我当然要拉你出来了，天气这么好，当然要跟朋友一起出来了，让我把她叫出来聊天，无聊死了，我可不干。"支持对方的话，私下说，带着劝解的意味说，大家都容易接受，宿舍里的氛围也会比直接吵翻脸好很多。

　　同一个宿舍的人，来自天南海北（特别是全国招生的综合性大学），生活习惯、为人处事的观念本来就很不一样。别说三观一致，两人语言能互通就已经很不容易了。真正想找到好朋友，找到更多支持你的人，可以放眼全班、全系、全年级、全校甚至全市。多出去参加喜欢的活动，多逛喜欢的论坛，多给喜欢的公众号作者留言、点赞。这样遇到"气味"相投朋友的概率，都——会——更——高！

　　祝学习顺利！

太行

| 不完美关系 |

打呼噜太响，
室友让我搬出去租房子怎么办

初看，是人际关系问题；再看，不是人际关系问题，好像是医学问题；第三遍看，还是人际关系问题。

熊老师：

三个舍友嫌我睡觉打呼噜，说让我搬出宿舍，到校外租房子住，说他们可以出一部分钱，我该怎么办？

宿舍是四人间，不同年级混住，之前的三个室友有的毕业，有的搬走了。三个新室友之前认识，都是研一的学弟，前几天开学一起来的。他们三个也不是说话难听的人，确实是我晚上睡觉打呼噜影响到了他们，因此我一般都故意熬夜到三四点钟让他们睡熟后我再睡觉。

C

C：

你好。

搬出去肯定是不能搬的，住在校外会有额外的支出。就算他们给你出一部分房租，一来你拿了会不好意思，二来如果出去住两个月对方不再给钱，也会有新的纠纷。

男生之间的抱怨，有时候带有开玩笑的性质，如"要不你搬出去吧，我们给你分担房租"就属于这样的玩笑话。即使他们是认真的，你也要当玩笑话来听，呵呵傻笑混过去。

你要给这些同学传达两个意思。

1. 我生来如此

"没办法，我天生打呼噜就很响。"

这个策略叫作"我生来如此"，带有一种耍赖皮的性质，但是在人际交往中非常好用。《阿甘正传》里，丹中尉问布巴："你的嘴唇怎么了？"布巴是个老实人，说："我天生就是厚嘴唇。"这句台词他答得认真，但是观众看起来觉得非常有喜感。

一个类似的角色是猪八戒，孙悟空嘲笑他吃得多，他不会努力证明自己没吃多，而是明白告诉猴哥："俺老猪就是想吃顿饱饭。"同样，你可以不好意思一点，承认自己打呼噜声音"确实稍微大了点"。

让他们该抱怨抱怨，该讲段子讲段子。大多数人对爱打呼噜的人都没有什么刻骨仇恨，讲到这种人，都有一种气急败坏但又无奈的态度。

2. 我在努力了

你想靠熬夜来对付打呼噜是不行的，人太累了打呼噜会更厉害，一大早室友想要赖床，你把他们吵醒，他们还是会觉得不满意。

严重的打呼噜是可以导致睡眠中呼吸骤停，甚至猝死的，这是一种病，可以早点治疗。有些医院的呼吸科有睡眠障碍门诊，也就是打鼾门诊，医生有办法改善你的打呼噜。

治好治不好放在一边，关键是你去看病这件事，一定要告诉你的室友："我去医院看我的打呼噜去了，医生会有办法的。"他们会想："哦，这家伙考虑我们的感受了，果然他不是坏人，只是一个爱打呼噜的家伙而已。"扁桃体长得太肥，或者悬雍垂长得太长，都可能导致打呼噜，这些都可以通过小手术来矫正。治好了，自己更安全，以后也不用担心其他风险和隐患。

打呼噜是什么？是问题。对方提出来的让你搬走是什么？是解决问题的方案，但是这种方案有点儿冒犯。

C，你的涵养很好，受了这样的委屈（而且还是学弟的提议）也没有去跟对方冲突，说明你是一个特别友善的人。对方提了你没法接受的解决方案，你可以反过来提一个你的方案，比如我说了，送大家几副耳塞或去打鼾门诊看医生，这都是你在做努力。

一般来说，后续即使治疗效果不够好，他们也不会为难你了。因为他们看到了你为他们的利益做出的努力。

再谈一下"我生来如此,我在努力了"。这句话其实能够应付很多被指责的局面,有的时候大家要求的不是我们彻底解决问题,而是在努力的姿态,这已经能够让对方觉得舒服多了。对了,打呼噜和体重超重也有关系,如果你比较胖,试试多锻炼,趁着年轻多练出点肌肉,到了中年老年都会变得更健康。

祝学业顺利!

太行

| 不 完 美 关 系 |

整天跟老师提问的学生，
成绩真的更好吗

> 下课之后有很多同学围着老师问这问那，
> 也有的同学什么问题都没有。
> 围着老师问的，真的是好学生吗？
> 不爱提问的同学，应该怎么办呢？

熊师傅：

您好。

我今年参加艺考，成绩公布了，我并不满意。自我感觉和我的性格有关，集训的时候，老师常常说我很被动，意志不坚定。虽然我当时心里不舒服，但没有当回事。

我们班的老师，要求我们学会自己发现问题、主动学习，班上很多同学向老师提问，老师也很热心地解答。我当时心里有些着急，可不知道该怎么说，想来想去还是不问了。

平时我表现也不积极。和我关系近的一个同学，虽然话也少，但是她会主动问老师和同学。恰好在考试前一天，她主动问了老师速写的问题，老师为她做了范画，考试时，她的速写超出几分。像我这样不主动,总觉得会吃亏。

我也不想老是这样,但不知道怎样主动表达,愿熊师傅提些建议。

N

N:

你好。

来跟我比较一下这两句话:

"我这个人很被动,意志不坚定。"

"老师说我很被动,意志不坚定。"

这完全是两句不同的话。老师那句话,下结论可能太早了,也或者对你并不公平。你来我们这里提问,这个行为,就是主动求助,"被动"两个字谈不上。

艺考成绩出来了,你觉得不满意(而不是考砸了),这是有坚定意志之人的念头。你完全可能既不被动,意志也坚定。所以,老师为什么这么说?

老师可能有他自己的算盘。我教过书,天下的老师都一样,他们渴望在教学的时候跟同学互动,这会坚定他们的信心,让他们变得更有吸引力。有些课堂上,互动多教学效果会特别好,但也不尽然。

从小你一定见过那些特别积极的同学,有的第一堂课就当上了课代表，也有的期末确实取得了好成绩。

教课的老师出题，积极的人容易获得好成绩。

不封卷头，积极的人容易获得好成绩。

面试，积极的人容易获得好成绩。

明白了吗？这就是考试的真相。小考试和学校内部的考试，有印象分，积极的人成绩有加成。但对高考、艺考来说，这种加成并不明显。

那积极回答、提问的人到底是怎么想的呢？有三种可能：

（1）从小成绩好、听话养成的习惯；

（2）一种近似烧香的准宗教行为，提问能缓解努力不足带来的焦虑感；

（3）竞争和碾压行为，以在声音和回答速度上压倒对方为乐（小学生常见的行为）。

第一类人考试成绩确实会不错，但是第二、第三类人就给人一种"平时不错，考试没发挥好"的错觉。

好，我们看看你是怎么办的："想来想去，最后还是没问"。你可能有些害羞，不过你明白，功夫大多下在平时，扮演一个积极提问的角色不会让你在这种考试中获得更好的成绩。

在大家有问题要问、没问题瞎编问题也要问的时候，你最终没有做无意义的提问，说明你抵抗从众行为的能力相当强。这要承受一定的心理压力，许多最伟大的灵魂，才具备这样的能力和素质。

再说说你的害羞和紧张。你能来这里提问，当着同学们的面问老师却觉得很难。那是因为，在熊师傅这里提问，我们会帮你匿名。但是当着同学提问，大家都看得到，你害怕其他同学看见你提问。

很多学生都有这种错误认识：提问意味着公开承认自己在知识甚至智力上存在不足。在同辈甚至潜在竞争对手面前承认自己的不足，这就很难了。而乐于提问的同学一般都有一个认识：爱提问是好学的表现。把提问看作好学，你就能轻松提问；把提问看成暴露弱点，你就会回避提问。

想明白了这件事，你提问就没那么艰难了，不过跟自己的有些想法斗争需要时间，这个时候有个捷径，那就是"跟出去"。下课之后问老师，别的同学听不见，比"想来想去还是不问了"强得多。

其实害羞的人都有这个问题，那就是太关注自己的行为了。总觉得自己在追光灯之下，是视觉的中心。总觉得自己做错事，就会被嘲笑。其实你可以想想自己小时候，有没有别的同学提问时特别丢人的记忆。

基本上都没有。你觉得你每一处细节都暴露在别人眼中，其实大家都很忙，记不过来你的糗事。

评估一个人的心理发展水平时，有一项重要的参考指标，就是应对方式。心理发展水平越高的人，越倾向于使用积极的应对方式，反之则倾向于使用消极的应对方式。

应对方式可以分为几类：退避、幻想、自责、求助、合理化、解决问题。其中，"解决问题—求助"组合是最积极的应对方式。与之相对，"退避—自责"组合是最消极的应对方式。

心理学研究将"求助"划分为积极的应对方式，除了有数据的支持，最主要的解释是，求助是有助于解决问题的一种策略。有了这个认识，你就可以放宽心，大大方方地去求助了。成年人才会求助，小孩子只会哭。求助从来不会让你低人一头，求助是一种合作。

我们刚才说了，向老师提问可能对你的艺考加分没有太大帮助（你同学速写那个事情有运气成分），但是从关系改善的角度来看，还是很有意义的。你帮老师活跃课堂气氛，老师也会更关注你。那些从小就养成跟老师互动习惯的优等生，就是这样受益的。老师得到了热烈的课堂，提问的同学得到了老师的关照。这是合作，是双赢。

对于求助，有两种看法，一种认为是乞讨，还有一种认为是化缘。区别在哪里？唐僧取经，跟施主开口，一定不会说"给口吃的吧，我饿惨了"，这是乞讨。他会说"贫僧自东土大唐而来，去往西天拜佛求经"。你要给我吃的和住处，你就是大唐和灵山两大势力的朋友。我是唐朝最厉害的和尚，你家有妖怪我给你降了，你家有亡魂我帮你度了。化缘，就是交换。

提出求助相当于发出了一次建立关系的尝试，不论收到怎样的答复，都会得到一次关系的缘分。唐僧去了那个抓和尚治罪的国家化缘，对方对唐僧说："不能给你们吃的，你们赶紧走，回头遇见衙门会把你们抓走的。"这是什么都没给吗？当然不是，至少给了一条信息供参考。

不要怕被拒绝。被拒绝的时候你至少能听到某种理由。只要你存了不怕被拒绝的念头，整个人呈现出的轻松状态就会被对方感知到，对方拒绝你时的心理压力也会变小，反而更可能心甘情愿地帮助你。

回到你的集训场景吧。老师愿意你提问，你提问他有好处；你不愿意提问，他也没有损失。你对自己的成绩不满意，可能确实是没发挥好，但也可能是你对自己有点儿苛求了。

我在"职场关系课"里专门讲过求助，比如应该在私下的场合，一对一沟通，方便对方拒绝。课堂上的提问，要比这种求助压力小得多。因为自古至今，老师最重要的工作之一就是答疑。

1. 私下提问

比如通过邮件或微信，上课前提前准备好问题，发给老师。

2. 问不准，就说自己的感受

"老师，我这幅速写总觉得哪里不对，您能看看我的问题出在哪里吗？"

3. 赶早不赶晚

如果确定一件事自己无法摆平，那就越早求助越好。比如你在老师刚讲完一道题、一个知识点的时候问老师，感受到的压力最小。等到期末复习，甚至高考前一个月，你再去问老师你这个一年、三年没解决的问题，你一定会害怕老师的暴怒了，"你怎么现在还不会做这个！"明白了提问的原则，我们就可以开开心心地提问了。

祝学业顺利！

太行

托人办事给了十万元，
怎么要回来呢

这次给大家解释一下如何把被人骗走的钱要回来。顺便说一句，这十万元，题主后来要回来了。

熊师傅：

您好！

我每天都会看您的微博，想汲取一点力量。我在"关系攻略"和"职场关系课"里翻来覆去地看，想找到一个能实现跨区调动的方法。之前我"圣母病"暴发，把自己最心仪的岗位让给了老同事，现在特别痛苦。病急乱投医的情况下，我准备好了简历和十万元，找了一个离家近一些的单位毛遂自荐。可惜找的人不是主要领导，对方原本承诺会办，但快一年了都没有消息，而且我发现他把我的微信设置了朋友圈不可见，虽然微信都能正常沟通交流，但是这个信号让我很害怕。

我害怕他把钱昧下来不承认，我也明确表示不办了。他说一直想给我帮忙但没帮上，让我等他电话把钱给我，结果过去两个月了还没动静，我现在该怎么办呢？

Q

收到留言之后，我问了 Q 一件事：你和对方是如何认识的，中间人是谁，你送钱的过程当中，中间人是否知道？Q 告诉我说，就是看到该单位在招人，有人在朋友圈转这个启事，她请求对方帮忙推荐，对方就推荐了该单位的分管领导。

这种情况非常不妙，这其实等于没有中间人，这个人仅仅是给了分管领导的联系方式，对整个情况毫不知情。Q 很可能是被人骗了。我写这篇文章的时候，Q 打出的电话已经被对方拒接了好几次，可能是被拉黑了。

Q：

你好。

既然有看"关系攻略"和"职场关系课"，就应该早点来问我，给这十万元之前跟我聊聊，效果可能会更好。现在有点儿麻烦，不过我们还是可以想点办法，尽可能地挽回损失。

首先你要明白一件事，这个人没有给你办事，也不会给你办事。帮别人办事有一条最大的禁忌，就是不能收生钱。什么叫生钱？我要是一个领导，有个人突然闯进我的办公室告诉我说，给你十万元，你帮我把事情办成，那我绝对不敢收这个钱，要是对头下套怎么办？

刑法的一条线就是五千元，十万元已经算数额巨大，妥妥的刑事犯罪了。敢收一个不熟悉的人十万元，那只有两种可能，一种就是手眼通天，他确实胆子大；第二种就是他的经济出现了问题，比如赌博，这种人会铤而走险，能骗一笔是一笔。

一般来说，托不熟悉的人办事，都需要通过中间人，这个中间人一手托两家，两家都信任他。有了他，收钱的人敢放心收，送钱的人敢放心送，收钱的人不用担心未来被告一状咬一口，送钱的人知道如果事情没办成，一部分或全部的钱能够被退回来，这是办事的规矩。

我邻居家有个大叔，其实不是单位领导，只是一个职工，前几年赌钱了，靠着嘴上功夫高明，收了不少人的生钱，后来被一群人找到单位，畏罪潜逃了。这种人为什么敢收生钱，无非就是以下几个原因。

1. 送钱的人不懂规矩

有人觉得事情虽然没办成，但是钱应该真如对方所说，都花掉了，请客了、送礼了。

2. 送钱的人有侥幸心理

有的人左右摇摆，一旦对方说"还有机会"，就会软下来，希望对方继续为自己谋划，这是不对的。你向对方提退钱的时候，关系就一定破裂了，对方不可能再给你办事了，所以应该就要钱，只要钱，要自己的血汗钱。

3. 送钱的人怕撕破脸

他不给你办事，已经撕破脸了，所以你不需要担心撕破脸这件事，跟撕破脸的人就要把钱尽可能地拿回来。

4. 送钱的人不好意思

听起来很不可思议，但确实有些人是这样的。他们羞于主张自己的权益，跟对方要钱的时候，比欠钱的人还要纠结痛苦，打电话过去都要谨慎措辞。

5. 怕行贿罪

行贿确实是罪，但是肯定比受贿判得轻，而且有诸多检举揭发受贿者免除行贿者责任的情况。不过许多收钱的人，正是用这种借口来恐吓送钱人，拖、赖这笔费用的。

如果你不知道怎么要这个钱，那用这个格式好了："某总，那事儿我们合计了一下，先不办了，您看那笔费用什么时候能退给我们？"他如果推脱、不接电话、玩失踪，那就要去他的单位找他。别急着撕破脸，大多数人被你在单位堵住第一次之后，就会明白你不是一个好对付的角色，就会把钱吐出来给你，然后他们会去寻找更好对付的目标。

这些人跟旅游景点那些卖玉的商场很像，你要认倒霉，钱他就拿到了，你要是去那里显出自己不好惹，他就退钱给你，当这单没做过。你可能会说，难道他不怕纪委、检察院吗？这里要解释一句，这些收钱的人大多数在面对组织调查时，都说是家里有困难，是朋友之间借的钱。

如果他说想还但是手上没有钱，让他能还多少还多少，你可以开口让他先还一半，剩下的打借条。打借条会让这件事的性质变成民间借贷，但我还是建议你允许他打借条，尤其是你没有关于这笔钱的录音证据的时候。聪明的骗钱者都不会在电话里说这事，也不会收银行转账。你能减少一点损失就减少一点损失，最后被赖掉10%或者20%，都是正常的，这就是学费了。

十几年前，曾经有个黑公司售卖某国企的内部子弟名额，我表哥当时找工作心切，交了一笔钱。回来跟我爸一说，我爸作为做人事工作三十年的老江湖，就觉得不对，应该是诈骗行为，就带着他去要钱。对方真的打开保险柜，把钱退了，口中还唉声叹气，说"这么好的有编制的机会居然还要退钱，真是太傻了"。

对了，要钱至少得三个人，女性要钱带着丈夫去；男性要钱，带着最壮的兄弟去。我爸当年还告诉我一个心得：两个人上去要钱，挑一个驾驶技术好的人在楼下热着车等着。此外，真的不要对这种坏人不好意思。别替这种厚脸皮的人找借口，也别给自己安慰。比如，"他都是某某局的领导了，不会干这事儿吧。"这话就不对。"他要真是某某局的领导，怎么还敢收你的钱呢？"这才是正常思维。以后真的不要抄捷径了，坏人想挣的，真的就是想走捷径之人的钱。

祝工作顺利！

太行

亲戚家孩子来问我如何报志愿，我该怎么说

> 这是一封关于帮亲戚家孩子报志愿的来信，
> 给大家讲讲这件事。

熊师傅：

您好！

外甥女（表姐的孩子）今年过了重点线，问我如何报志愿。

文科，我看有的人说应该先挑 985 院校，专业差一点也没关系；有的人说应该先挑北上广深四个城市的学校；有的人说应该优先看学什么专业。

我自己也晕了，当初自己就是没想好学什么，后来学了英语，现在应该怎么去跟这孩子说呢？

苦恼的 W

W：

你好。

这件事的关键不是你外甥女该报什么专业，而是你应该如何

应对高考报志愿的咨询，这种事每年都会遇到，我就来跟大家聊聊这个话题吧。

有一个大原则就是：只给有限的、有用的信息。有限的信息，就是只说你真正了解的信息。别去转述别人的观点，尤其是那种宏观形势，如果不是职业研究者、观察者，那我们的推测就是一文不值的。昨天还在短视频上看见一个中学没毕业的播主在乱分析，今天就推荐、贩卖给别人，这叫误人子弟；也不要迷信自己喜欢的博主，一个人再渊博，也不可能每个领域都精通，哪怕是大学校长，也不可能熟悉学校里所有专业的发展前景和动向。

我是2000年参加高考的，那时候我爸有不少朋友爱发表意见，有的人说，学国际贸易，你看中国马上要加入WTO了；有的人说，不对，21世纪是生命科学的世纪；还有的建议说，应该当官，报行政管理最好。提这些建议的人都没参加过高考，你没法跟他们说文科生不能报生物科学和计算机，顺便说一句，国际贸易和生物科学，好多报的人都后悔死了。

重要的领导干部，几乎没有行政管理出身的。省部级领导干部理工科出身的很多，也有经济、法学出身的。地市级的领导干部，中文、哲学出身的也不少。你细看，他们其实都是各高校里最聪明的人所在的专业，但恰恰不是那种名字里挂着"官印"的专业。

后来我跟他们说，我决定报人大新闻系了，这是中国最好的新闻系，他们就都不说什么了。当事人有了意见，下定了决心，叽叽喳喳的噪声就消失了。那年之后，我发誓一定不做这种不懂装懂的成年人，不去评价自己完全不懂的领域。

有用的信息，就是关于你熟悉行业的介绍。你可以给你的外甥女提供的有用信息如下：

（1）这个专业的就业方向；

（2）这个专业需要什么性格特质或者职业技能；

（3）这个专业学历、学位是否重要；

（4）这个专业的收入待遇如何，上升难度、成长曲线如何。

第4点有点儿不好懂，我们解释两句。法学就是一个"晚熟"的行业，年轻的时候非常辛苦，首先是司法考试通过率比较低，但是能考上名校法学院的人，通过司法考试一般不成问题；新手律师助理可能会又穷又累，但是有了经验，走进了收获期，就不用太担心钱了。

金融是一个早富的行业。一些投资机构，可能二十几岁新人的收入就和别的行业三四十岁的老员工相仿。这固然是给人才难得的报酬，但同时也是为忠诚和青春损失支付的溢价，你必须为你的企业保守秘密，还要忍受加班，可能还有侮辱欺凌和复杂的职场关系。

程序员待遇好、工作忙，择偶上有优势，但是有失业的风险，中年时会面临转型。

大家可以把自己所学的专业用这四个问题分分类，对方一定会觉得你提供的信息有用，而且又耐心又体贴。在别人报志愿的时候，与其当一个指导者、决策者，不如当一个导游、介绍者。

有年轻人问我填报志愿的事情，我就会告诉他新闻、传播、出版类专业未来的出路、前景，以及主修课程、需要的能力，这是我能做的。

我不会去给他分析什么专业好，什么专业不好，但是我会告诉他：如果你真的在意你的未来，想要挑自己喜欢的行业为之终身工作，那就应该多去拜访、请教几个人，了解一下这些行业到底是做什么的。

说实话，我看不起那种让爸爸妈妈带着跑来请教，自己一点想法都没有的年轻人。我见过的最优秀的高中生，全都是那种早早就想好了未来想做什么的人。

在这里也劝各位父母一句，应该鼓励孩子说出他们的所欲。我看好多父母，教孩子从小分享，这是很好的，孩子会有教养、有礼貌，但是敢说出自己的所欲更重要——你想做什么工作、想成为什么样的人，说出来我们一起分析一下，不要多年之后留下遗憾，觉得"当初一直想做什么什么，可惜爸妈不支持"。

有时候小孩子谈到自己的梦想，会显得很幼稚，他们可能想要去做演员、电竞选手、游戏主播和足球运动员。千万别笑话他们，要认真地拿那些专业的相关新闻报道、纪录片、教材给他看看，他可能就会真正明白那些行业是什么样的、意味着什么。如果他发现自己不擅长、不是真的喜欢，那他会去寻找新的梦想。

这个过程当中，许多孩子都收获了分析利弊、研读资料、做出判断的能力，在寻找终身事业的路上迈出了初始一步。孩子越训练越聪明，你永远让他听你的，他最多跟你一样聪明，这个形势不容乐观，还是让他形成思考能力比较划算。

孩子开口说出一个奇葩梦想并不可笑，对自己想要做什么一无所知，甚至都懒得想，那这一辈子才真的可惜了。十八九岁就有自己喜欢的行业，是非常幸福的事。电视剧《小欢喜》里的乔英子，是重点中学年级第一，按一般的看法，就是清华和北大两家选一个。但是乔英子想上南京大学天文系，那是全国最好的天文系，而且她是长期对天文充满兴趣，才做了这个决定的。

我有位朋友，是一位媒体界的前辈，去年突然给我打电话说："太行，你帮我推荐几个 Switch 上的游戏吧。"我大吃一惊，这位老师怎么想起来玩游戏了？"不是我玩，是我的女儿要玩。她也不是单纯为了玩，她考上了国外一所大学的游戏设计制作专业，现在开始她要去熟悉这个行业，所以我来请教你，什么游戏比较好。"

　　我当时就跟他分享了我喜欢的游戏类公众号，推荐了几个我觉得优秀的游戏。他不仅转给了女儿，而且自己也去研读这些公众号了。说真的，我觉得这位老师是个特别特别好的爸爸。

　　孩子越早确定自己的所欲，你就能越早帮他实现梦想。到高三出分了才去盲人摸象式地去琢磨报什么专业，未免就有点儿被动了。如果高二前后已经定下来了，那后面的每一分每一秒，都是瞄着这个目标去提高、去考的，这样考完了就可以放心娱乐，没有迷茫和困惑了。

　　有些父母愿意孩子内向一点儿、埋头苦学，觉得这样好管。其实，一个孩子要想强大而丰富，需要去探索外面的世界，比如旅游、社交、运动，也需要探索自己的内心，去挖掘自己内心深处真正的兴趣和爱好。

　　鲁迅先生就是这样的人。鲁迅先生先学水师学堂（海军），又学了三年开矿，然后再去学医，其间学各种外语，最后开始写杂文和小说，当了作家。这就是磨刀不误砍柴工。

　　不过真要没想好，也不要太纠结，读一些比较基础的高分学科，把数学和外语学好，未来转型也是可以的。比如数学、物理、医学，都是可以的，未来要转别的专业也容易。

　　最后，希望你表姐的孩子能从事自己喜欢的行业。为什么我强调喜欢？喜欢是最好的生产力，各行各业做到头部，都不会缺钱。所以让孩子不要太纠结毕业后头三年的工资，优先挑选自己喜欢、擅长的工作去做吧！

祝填报志愿顺利！

太行

这可不是一只鸡的事，
这是回避冲突

> 这是一个乡村的人际关系问题，
> 很值得拆解一下。

老师：

我有一个困扰，请老师有空帮我分析一下，好吗？

我买了一只鸡，鸡是活的要现宰，宰了之后卖家发现有问题，她的动作让我也产生了怀疑，我问了，她说没事。我就付款拿了回来，清洗时发现根本不能食用。

我又打电话跟她说了，她没说要退款。请问，要怎么处理好呢？

（1）我觉得刚开始她也不是故意的，是后来才骗我的；

（2）金额不多，我是不是小气了；

（3）就算当时她说了实话，我可能也会付款；

（4）她是同村的，不是朋友不是亲戚，我觉得她是同村的人，平时也挺热情的，就经常光顾了。

类似的事情很多，我会为此纠结，请老师指点。谢谢！

A

A：

你好！

能直接现宰活禽，肯定是在乡下了，可能有的人会觉得："一只鸡能值几个钱！""怎么退鸡钱的事情也来找我！"没关系，"关系攻略"和"职场关系课"里，有很多很多接地气的提问，天底下没有不好的问题，只要是真实的苦恼，我们这里都可以拆解分析。

我从来不会觉得一个问题太土太简单，我担心的就是大家不敢把真实的苦恼说给我听，那样的话我就没法更好地为大家服务。你的问题提得很好，你的困扰，我总结为四个。

1. 回避冲突

你觉得对方没有故意欺骗你，如果要求退款，会显得自己不通人情。你说如果老板不骗你，你可能也会付款，就是不想和人起冲突。

2. 对自己高要求

你认为自己应该是不好利、不贪财的,所以对退款这件事,怀着一种愧疚的心理。

3. 过分在乎熟人

商贩跟自己是一个村的,你觉得自己和商贩之间有一种比较近的关系,在乎对方对自己的风评,其实这完全没有必要。一个村很大,这个老板的生意也很大,她不会因为退了一只鸡的钱,就到处散播你的品行不好。因为这样一散播,大家首先知道的是她家的商品有问题了。

在熟人那里买东西很容易吃哑巴亏,不满意了也不好说出来。我有一阵子爱在熟悉的店主那里买水果,对方总给我推荐一些不好吃的稀罕品种。吃完想抱怨,但一想对方对我这么友善,就觉得要不就算了。后来我就不再去楼下买了,网上下一单,经常能划算很多,面对的不是熟人,而是你的手机,那样就会自然很多,就能心平气和地做决定了。

工业社会和互联网让我们可以不再把宝贵的精力用在讲价上,售后客服也不再需要各种语言的艺术,只要拍照上传就可以了。

4. 心里过不去

其实"算了"这两个字，很多时候我们买东西买亏了，不划算了，都会这么说。但是回避了冲突之后，自己心里还会觉得不公平，会责备自己，这种情绪就需要警惕了。所以我说，纠结痛苦没有小事，当事人才明白自己有多难过，这种问题拿过来咱们一起聊一下，说开了就好了。

A同学，你的问题，就是希望回避冲突。你害怕当面锣对面鼓地跟人发生冲突，在自己受了委屈之后，你在给对方找借口，甚至干脆站在对方的立场上，和对方一起对付自己。

说一个解决方案，叫"主干原则"，非常好用。什么叫"主干原则"？商贩也不是故意的；她做小本生意不容易；她和我是一个村的，这些都是枝蔓，不是主干。主干是："我买了一只鸡，我要吃鸡，你卖给我的鸡不能吃，所以……"解决方案就出现了："你换一只能吃的鸡给我。"

看清格式了吗？

（1）我为你做了某事；

（2）原本希望如何；

（3）你辜负了我的希望；

（4）我提出我的解决方案，你点头吧。

注意这个话术，我们不说别人黑心，也不说别人是不是故意的，只就事论事说商品本身的事。我们也不说退款，退了款我吃不上鸡了，你得换一只给我，这就是我的诉求，这个诉求不过分。

注意，这种纠纷类的事情，不要发微信，不要打电话，最好是当面说。趁着她出摊，你提着鸡过去，这鸡虽然不能吃，也必须拿回去。一来，人不能吃的鸡也有价值，可以拿来喂动物，你要退款或者换货，带着原货是正确的选择。二来，你手里提着残次品，摊主心头就会咯噔一下，怕你嚷叫起来，别的客人会听见，但你别上来就这么威胁人家，这就是引而不发。

"忙着呢？这次给我换一个好的。"不要讲道理，上来就提方案，笑嘻嘻地说，对方很容易就被你带过去了，而且我们这个方案非常合理。跟人打交道，一定要留余地；但是跟别人起冲突，一定不要替对方找借口。

明确提出自己的诉求，在电话里抱怨一堆鸡不能吃，却不肯说"退换"两个字，对方就知道你不敢提这个要求，也就不会主动提出给你退换。

千万别说"钱不重要，咱说这事儿"，这话是非常坏的一句话。钱非常重要，血汗钱怎么能不重要？如果你害怕跟人谈钱，那就把下面这句话手写下来，贴在墙上，每天念两遍。"钱很重要，因为它的来路、有无、多寡，关乎正义，关乎公正。"

祝生活愉快！

太行

| 不完美关系 |

妈妈,夸夸我吧,
哪怕是假的

> 收到一封读者来信,她有抑郁障碍。
> 巧了,我也有,
> 那就说说抑郁障碍患者如何从家庭当中获得支持吧。

熊老师:

您好。

我是您的粉丝,我有个问题想要您帮忙开解开解。先介绍我自己,我在农村,父母有两个女儿,我是最小的那个。

我的妈妈好像很讨厌我,举例来说,在我自杀进医院没多久之后,她责怪我不像姐姐那样乐观;在我被判定患抑郁症的那段时间,背很痛、心也很累,她话里间责怪我不应该得这种病;在我考上专升本兴奋不已的时候,她漫不经心;在我告诉她录取通知书在路上的时候,我希望她走进我的房间,装装样子告诉我她很高兴,说我很棒,但是她绕道而行。

类似的事还有很多,我花了很长时间才确定妈妈确实对我很不耐烦,甚至越来越不耐烦,其他事情我就不去细数了。因为每每想起只觉得不公平和生气。一想到至我 30 岁、40 岁、50 岁、60 岁，我都要和这份不喜欢斗争，我就觉得很累、很害怕。父亲不善言辞，喜欢打击人，我以后结婚生子、事业升迁，没有人能给我有用的建议。

我生活的世界不过方圆几里，我是个很蠢的人，我想不通也很害怕，我要如何面对那些事情？我要独自一人去面对，而我不觉得我有这样的勇气。

您能给点建议吗？或者只是开导开导我也行。我身边没有人可以倾诉，而我又不擅长处理心中的感情，无论是伤心、郁闷还是生气，我好像并没有习得和自己相处的方法。以上就是全部，如果您能帮帮我那就最好了。

A

A：

你好。

你来找我聊，这就对了。我 2019 年 5 月被确诊为抑郁障碍，服药三年多了，我对你承受的很多东西，有真实而生动的理解，比如心头的万念俱灰，比如被恶劣心境封印在床上、沙发上动弹不得，比如昏睡一整天，根本无法工作。还有那种一刀一刀割在心头的孤独感——看外面车水马龙的花花世界，人人走在街上好像都有好运，都有在乎的人，只有我一个人好像生活在一个"结界"当中,就像戴上了哆啦A梦的石子小帽,被人看不见、不在乎、弃之于街头。

我们这个病没有什么太好的办法:一是就诊服药;二是运动休息;三就是交给时间。在这个过程中,我们一定会去寻求身边人的支持,这种支持可能来自家人、爱人或者朋友。

求助是天底下最冒险的事情了吧,惴惴不安地说出自己的苦恼、困惑,希望对方能够安慰、理解和支持自己。注意,我用了三个动词:安慰、理解和支持。这三个词有递进关系。

安慰最容易。陌生人甚至都会给我们安慰。我有次打车去安定医院,司机问我:"您是睡眠不好吗?"我点点头,说:"抑郁了。"司机说:"啊,多休息,会好的。"这个人没有受过高等教育,打听别人的病情也不算礼貌,但是他的心思不坏,他会安慰我——安慰最容易,但我们能从中收获的支持,其实是最小的。

如果你在微博上发一条"我抑郁了,请安慰安慰我吧",那一定能收到一大堆陌生人的安慰,你要说他们有多在乎你,恐怕也没有,他们只是出于同类之间的怜悯,希望我们能够变好一些,这就是安慰。

理解有门槛。20世纪80年代以后出生的人,因为高等教育的普及,各种报道、科普文章的传播,所以对抑郁障碍的了解比较多。这些人知道我们是脑子里出了问题,不是简单的"想开""想不开",他们知道抑郁障碍需要药物,不会说"想开点儿"。农村老太太要理解关于抑郁障碍的事情，确实有困难，所以说理解有门槛。

支持最艰难。支持，意味着这个人要没有保留地接你的电话，在你完全不能动弹的时候拉你去就医，在你缺钱的时候能够给你经济上的接济，在你走投无路的时候给你三顿饭、一张床。这就是支持的难处，能支持我们的人，要么是爱人，要么就是至亲，如父母、子女、兄弟姐妹。

网上有些营销号文章，把抑郁的原因完全归咎于父母、原生家庭，这是不对的。抑郁的原因有很多，简单地责备父母可能会让我们舒服一点儿，但确实于事无补，在大多数时候，父母仍然是可以给我们提供支持的人。

你的妈妈会指责你不该得这种病——说明她根本就不了解如何去安慰别人，也没有学会好好地、准确地表达自己的感受。她那些指责性的语言，可能意在表达自己的担心，却给你造成了新的伤害。

你妈妈还说你不如姐姐乐观——这说明她不理解抑郁障碍是如何产生、如何作用的，也不理解这件事和乐观、悲观无关。她生活在农村，没有接受过良好的教育，她不理解，我们也只能慢慢跟她解释心智和大脑的一切。如果有可能的话，你可以让姐姐去告诉妈妈，抑郁障碍不是乐观的事，是一种像高血压、糖尿病一样的疾病。

因为她不会安慰人,所以你感受不到她的关心。因为她不理解这个病的原理,她可能会觉得你是一个让她不省心的孩子,而不是一个生了病的可怜孩子。你看——隔阂和裂隙因为误会而起,至亲骨肉之间都难以避免。

我的经验就是,把安慰、理解和支持分开,不苛求从同一个人那里同时收获三者。姐姐可能能理解你,那就从姐姐那里收获理解;朋友和同学也许能安慰你,那就从朋友和同学那里收获安慰;从妈妈那里,你应该收获过一些支持吧。你还在读书,经济也许还没有完全独立,回到家里,有吃有住,这就比一无所有要强些。

未来相当长的一段时间里,你还可以从家里获得这样的支持:你是她的孩子,哪怕村里的女儿不得宠;你是她的女儿,哪怕是第二个女儿;你身上有她的血缘、她的基因,这是她给你支持的根源,也是她给你支持的动力。

跟她主动要支持、要安慰吧,说明白,告诉她怎么做你能更舒服一些:"妈妈,我的专升本录取通知书到了,夸夸我吧。"要明确说出你的期待,手把手地教她如何爱你。"妈妈,我认识了一个很好的男生,我希望下周能带回来让你看看,祝福我吧。""妈妈,我想吃你包的饺子了。"每个请求,都是明确的、可执行的。她不知道怎么能让你快乐,因为这不是她能做到的,但是如果你能够说出吃什么、请她做什么,那她的无力感就能少一些，她的成就感就会多一些，她觉得自己对你的健康、你的康复有用，那她就不会对你有那么多愤怒和不耐烦了。慢慢来，这种沟通的磨合、调整是一辈子的事。

跟爸爸的沟通也类似。比如你说爸爸喜欢打击人，许多父母都是如此，有的爸妈没法给孩子提供更多的机会、更好的支持，只能嘴里念叨着：吃亏是福，寒门出贵子，骄傲使人落后……他们使劲打击孩子，希望孩子从挫折中成长，因为他们不会别的招数了。

对这样的老爸，你其实不需要找职场和人生上的建议，只要跟他吐吐槽就够了。"爸，我最近跟我一个同事闹翻了，这人欺负人，特别傻。""一个巴掌拍不响！你也要反思……""我会反思，但是现在我心里特别不忿，你赶紧帮我一起骂她，我的心情就会大好了。"这话能让老爷子吃一惊，等他火力全开骂完了你的同事，再去夸夸他。"果然还是爸爸最疼我，一下子就不气了。"

我看你说了这么一句话——"一想到至我 30 岁、40 岁、50 岁、60 岁，我都要和这份不喜欢斗争，我就觉得很累、很害怕。"我们管三年到十年规模的斗争叫斗争，管几乎一辈子的事情，叫共存。我们最终的目的不是战胜苛刻的父母，而是和他们共存。

目标不是获胜，我们称之为——和解。你担心 30 岁、40 岁的事，那我就说说我的经验吧。我今年满 40 岁，我有一个心地善良、嘴巴刻薄的妈妈。小时候她因为我早晨吃饭慢就踢我，打得我五岁的时候得了疼痛障碍——那时候医生叫这个病为神经性头疼，疼起来的时候会抱着脑袋在地上滚，我病了整整三四年。

前年我离了婚，开始做抗抑郁治疗。我妈对我说："如果你爸还活着，一定会被你气出毛病的。"我当时就说："我是个病人啊，你把我挤对得病更重了，不得心疼吗？"我妈是个非常不会说话的人，她永远用指责、抱怨我的方式来心疼我、担心我。她读我写的每一篇文章，然后就抱怨我写东西又要得罪人。四十年了，我和我妈有一个共识，就是我爱她，她也爱我，这共识也是这几年才达成的。

等到你 40 岁、50 岁，甚至 60 岁了，如果回到家还能有一个老太太进你的房间对你一通抱怨，那时候你对妈妈的看法，可能会有所变化。如果她是真的爱你，那时候你应该就能感受到爱了；如果她不够爱你，至少在这些年里，她还能当个紧急联系人，偶尔为你的生活提供一些帮助，这也不坏对吧。

我特别喜欢中国地图，虽然有洪灾、旱灾、台风……但是有高原、山脉、河流、丘陵和海洋，这就是丰富之美。撒哈拉大沙漠倒是稳定，但那里是死一样的静寂。

家庭应该是什么样的？我觉得应该是有争斗、博弈、小心机的，有嘻嘻哈哈，也有骂骂咧咧的，这是我们爱过、活过的证据。我宁愿要生机勃勃的喧嚣，也不去追求那种毫无生气的静寂。

下次和妈妈发生冲突，觉得不舒服的时候，记得拒收她的情绪，试着把她的话原字原句记录下来，分析拆解：哦，这句她在指责我！这句没有逻辑！这句是歪曲事实！这句是错误归因！一切都可以变成技术问题，把情感问题变成技术问题之后，你就可以变得好像超然在冲突之外，这能让你好受些。

不知道你是不是还在进行抗抑郁治疗。要按时就医，听医生的话来服药，难过的时候，还可以来我们这儿寻求安慰和排解，但是支持你、解决一些现实问题这些事情，你可能还需要家人。

祝身体健康！

太行

附言：

你妈妈的年纪，应该在更年期吧。此外，甲状腺疾病、糖尿病、脑部肿瘤、血栓或者阿尔兹海默病早期都可能让人变得暴躁。老太太有没有定期体检的习惯？你和你姐姐需要关注一下。祝她健康。

| 不完美关系 |

消耗人心力的亲戚电话，
怎么拒绝呢

> Y 同学的弟弟和弟媳关系紧张，
> 妈妈在那边给她弟弟带孩子，
> 于是她经常接到弟媳抱怨的电话。

熊老师：

又来麻烦您，我遇到一个棘手的关系问题。

我弟弟和弟媳经常吵架，但因为有孩子不离婚，弟弟好吃懒做、挣不到钱还满口谎言，弟媳不上班花钱大手大脚，我妈在他家帮忙带小孩经常受气。现在他们吵架后弟媳就找我，话里话外都是没钱，就差把让我拿钱说出口了。我不想掺和他们的事，但我妈在他家，我又难免得和他们有交流，我不知道怎么才能让她别再骚扰我。

我曾经是个"扶弟魔"，经过痛苦的挣扎后，我终于不再给他出钱了。说起来当初还是在"关系攻略"下留言得到了您的回复才拿定主意的，真的感谢您。如今又有麻烦，实在不知道怎么办，又来找您求解。

我心里知道我想做什么，我只是不会应急应对他们的电话。我希望他们别骚扰我，希望能让我妈离开他家，但我不知道怎么措辞、怎么表达。因为是亲人，我还是担心他们的关系会更恶化。

Y

Y：

你好。

我们每个人都对自己的亲人担负着一些或多或少的义务，想要甩开亲人不管不顾，不可能也不现实。亲人之间有一个责任，就是支持情感、分担情绪，我们累了、倦了、遇上事了，亲人就是我们可以倾诉的对象之一。

但是有一个问题，我们每个人都是凡人。凡人的意思，就是我们能力有限，而情绪的黑洞是无限的，倘若把有限的心力倾注在一个人的情感黑洞里，填不平坑不说，还会被彻底吞噬。

在分担亲人、朋友的情绪时，要遵循"氧气面罩原则"。什么叫"氧气面罩原则"？咱们坐飞机，乘务员会对我们说，如果氧气面罩掉下来，你要先给自己戴上，再给你身边的人戴，无论身边的人是亲妈也好，是亲生的孩子也好，因为你有能力帮她，但她没有能力帮你，如果你保不住自己，那大家就都有危险。

具体说来，你日常的工作压力、经济压力、情绪，都要自己监控、自己照顾，你弟弟帮不上，弟媳更不成，妈妈也没帮助，所以你要优先满足自己的一切需求。倘若还有余力，可以和你的弟弟、弟媳以及妈妈聊聊，但不要听你弟媳长篇大论的抱怨，因为这毫无意义。

和弟媳的通话你不喜欢，那我这里就给你一些好用的窍门。其他朋友，如果总是被亲戚朋友的絮叨打扰，也可以用这5招：主动出击、定时定量、控球24秒、咨询师技术和转身离去。

1. 主动出击

什么叫"主动出击"？别等对方给你打电话。对方打电话，是挑她时间方便或者情绪不爽的时候，她的情绪酝酿成熟，有备而来，你则猝不及防，地铁上、公交上、饭桌上，你的节奏被打乱，一定会不舒服。

主动给他们打过去。注意，是他们，在一家子都在的场合打过去，跟妈妈说几句，跟弟弟说几句，跟侄子（不知道他多大，不过还不会说话的小朋友只会更可爱）说几句，不要让她一个人对你吐槽。看着通话15分钟，其实是每个人5分钟，这样你的压力就小得多了。

2. 定时定量

控制时间，每次只聊那么多时间，到时间就收线。"我要吃饭了""我这里还有个工作要处理一下"，让她慢慢接受固定的通话时间。如果她要是工作时间打过来，就暂时挂掉，回文字消息："弟妹，我正在开会，没法接你的电话，等我晚上回去跟你说吧。"几次以后她就明白了，她不是世界的中心，别人有自己的生活节奏，她必须尊重你，才能在你这里继续得到支持。

3. 控球 24 秒

不要允许她长篇累牍地倾诉。带情绪的人，语速都特别快，你让她慢下来。打篮球时有一个位置叫控球后卫，这个人是进攻的组织者，也是节奏的把握者，如果球队需要赶紧追平比分，那他就会打一些快的战术，如果领先了，不着急了，那他就会把速度降下来，你也要这样来控制通话。

"你别着急，慢慢说。""刚才那句信号不好，没有听清。""是吗？我老弟怎么这么过分，你把电话给他，我来批评批评他。"要打破她舒适的节奏，不要客气。这种家长里短都是车轱辘话，就像那种 80 多集的老韩剧一样，少听半个钟头也不会有任何损失。

4. 咨询师技术

和这种寻求支持的亲戚通话，有一种输出特别损耗心力，那就是观点的输出。你的弟妹可能会让你表明态度，比如问你支持谁，她的想法对不对。这里有一种心理咨询师的技术，可以供你参考。

心理咨询师这个行业，基本不对求助者作评判，不说他对不对、该不该，不会把他骂醒，也不会说他是好人或坏人。你只要听她说完之后，把她的观点重新组织语言说一次就对了。"上次看见这样好的文章还是在上次。""过去的一分钟里，我们一起经过了60秒。""听君一席话，如听一席话。"这种复读机式的总结，其实就可以给她解压了，这样你的压力也能少很多。输出观点非常累人劳心，总是想着憋出金句来教育她，会把自己累垮的。

5. 转身离去

如果对方不肯让你挂电话，你说完再见就先挂掉，忙你的事情去，该做什么做什么。可别觉得你弟媳会和你弟弟关系越来越坏，要离婚什么的。她和你弟弟过日子，他们应该是交流最多的人，你弟弟不跟她沟通，她就转向你，这对他们两口子非常不好，久了夫妻俩就真的没话说了。你该走开就走开，逼着他俩去沟通，多沟通才有解决问题的可能。

她明里暗里跟你要钱，建议不给。你可以给小侄子买一些食品、玩具，不要太贵不实用，但不要给钱。礼物的好处就是，它每次都不一样，不会成为常例，而钱这东西，一旦开始给，再要断，就要被人骂街了。

此外，妄图讨好弟媳以便妈妈少受点儿气，这是一个妄念。你不如私下认真跟妈妈说："她要敢给你气受，你就回来。"闺女是妈妈的"大后方"，什么叫"大后方"，就是她觉得不舒服了，可以来你这里休整一下，而不是你跟她一起在"前面"讨好一个不太讲理的懒婆娘。

祝工作顺利。

太行

图书在版编目（CIP）数据

不完美关系：人际关系解答手册/熊太行著. --
北京：企业管理出版社，2022.8
ISBN 978-7-5164-2611-1

Ⅰ. ①不… Ⅱ. ①熊… Ⅲ. ①人际关系学—手册
Ⅳ. ① C912.11

中国版本图书馆 CIP 数据核字（2022）第 072281 号

书　　　名：	不完美关系：人际关系解答手册
书　　　号：	ISBN 978-7-5164-2611-1
作　　　者：	熊太行
策　　　划：	华朴丨择壹
责任编辑：	江丹丹　任长玉
出版发行：	企业管理出版社　人民东方出版传媒有限公司
经　　　销：	新华书店
地　　　址：	北京市海淀区紫竹院南路 17 号　邮　　编：100048
网　　　址：	http://www.emph.cn　电子信箱：huaputg01@163.com
电　　　话：	编辑部 13366007327　发行部（010）68701816
印　　　刷：	北京联兴盛业印刷股份有限公司
版　　　次：	2022 年 8 月第 1 版
印　　　次：	2022 年 8 月第 1 次印刷
开　　　本：	880mm×1230mm　1/32 开本
印　　　张：	10
字　　　数：	189 千字
定　　　价：	59.00 元

版权所有　翻印必究　·　印装有误　负责调换